奇妙知识面对面

原来你是这样的存在

张康 编绘

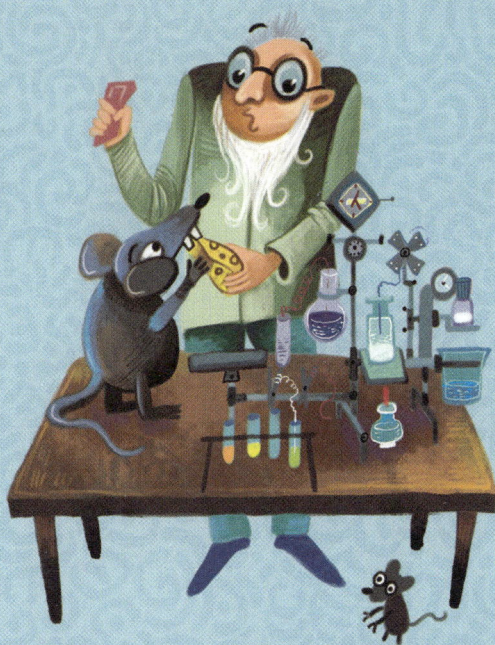

浙江人民美术出版社

在孩子们的眼中，世界的一切都是新奇的：每一片树叶的背后、每一块石头的下面、每一朵白云的上面，似乎都隐藏着许多神奇的秘密——

"世界上到底有多少种动物？"

"宇宙到底有没有尽头？"

"人类可以建造像珠穆朗玛峰一样高的楼房吗？"

"如何发明一辆会飞的汽车？这样真的就不会堵车了吗？"

"机器人真的会统治人类吗？"

……

孩子拥有的这种打破砂锅问到底的精神，是多么可贵，绝不应该被忽略：当一个人不再对这个世界抱有好奇心的时候，并不意味着他长大了，而只能说明他的心在

缓缓地变老，他的精神在慢慢地枯萎。这又是一件多么可怕的事情啊！

　　当你打开这套书的时候，别怪我没有提醒你——那美如画的自然杰作；那蕴藏着无数宝藏的神秘海洋；那让人大开眼界的奇特动物；那常人不可企及的极端纪录；那改变世界的奇妙发明；那永留人心间的伟大瞬间……这个世界每天都在上演奇迹并创造新的历史，这一切无不让你目瞪口呆、啧啧称奇。

　　不断进步的科学技术将带领孩子们更好地认识世界，增强他们探索未知领域的信心与勇气。来吧，所有好奇心十足的孩子，让我们从这里启程，踏上奇妙无比的求知之旅！

目录 CONTENTS

一起勇攀科学高峰！

快让你的大脑

动起来吧！ →

汉字：
能够表情达意的积木

　　小时候学写字，老师最先教我们点、横、竖、撇、捺，继而是提、折、钩……我们的汉字就是由这些笔画有序地组合而成的，像不像我们小时候用积木组合物品呢？

　　在还没有发明汉字的古代，有人想出了结绳记事的方法，比如打猎归来，有几只猎物就用绳子打几个结。可记号太多，容易忘事。后来，就有人想到用图形表达意思：画一个圆圈代表"太阳"，画几根枝丫表示"树"，最早的象形文字就是这样产生的。

　　随着人类社会的发展，需要文字记载的东西越来越多，这些简单的图形符号渐渐无法满足人们的需要了。于是人们就想办法把一些象形字组合起来，形成一个新的文字。比如把"人"和"木"组合起来，就成了"休"字，意思是一个人靠在树边休息，很形象吧？就这样，汉字的一个新类型——会意字形成了。

到了春秋战国时期，中华大地上出现了许多诸侯国，它们使用的文字各不相同，这给文化交流带来了困难。秦始皇统一六国后，为了让天下人都能够准确无误地读懂自己的旨意，下令全国统一使用一种文字——小篆。这个霸气的决定推动了全国的文化交流。

如今，汉字已经登上了世界舞台，并且产生了不容小觑的影响力！在日本，有专门的汉字能力检测协会，同时，越来越多的高中和大学把汉字水平纳入考核范围；在越南，汉语成为仅次于英语的热门外语，大学中文系的报考学生更是年年爆满；在欧美很多国家，也掀起了学习汉语的热潮。全球已有80多个国家将中文纳入国民教育体系，中文也被联合国世界旅游组织、国际航空运输协会等国际组织增列为官方语言。

"曌"是什么字？

中国历史上唯一的女皇帝武则天登基后，想给自己取一个独特又响亮的名字。

可是，取什么名字才能让自己显得与众不同呢？如果用一些人们熟悉的汉字，肯定不够特别。于是武则天就造了一个之前没有的字——曌，它的读音和"照"字相同。

从这个字的字形结构中，我们就能看出它的意思：日月当空，光芒万丈。这也是武则天对自己的评价。

甲骨文

甲骨文是刻在龟甲或兽骨上的文字，主要记录了商朝王室的占卜之辞，是迄今为止中国发现的年代最早的成熟文字系统，也是汉字的源头和中华优秀传统文化的根脉。

截至2022年11月，已发现刻有字的甲骨总计约15万片，甲骨文单字数量已超过4000字。

仓颉造字的传说

传说很久以前，在黄帝的部落里，有一个名叫仓颉的史官。他发现古老的"结绳记事"已越来越无法满足部落发展的需要，便决心发明一种新的记事方法。

仓颉日思夜想，到处观察，看尽了天上星宿的分布情况、地上山川脉络的样子、鸟兽虫鱼的痕迹、草木器具的形状，描摹绘写，造出种种不同的符号，并且定下了每个符号所代表的意义。他按自己的心意用符号拼凑成几段"文章"，拿给人看，经他解说，大家倒也看得明白。这样一来，仓颉管理起部落事务就更加井井有条了。

黄帝知道后，大加赞赏，命令仓颉到各个部落去传授这种方法。渐渐地，这些符号的应用越来越广。就这样，古老的象形文字形成了。

麻醉剂：
手术必不可少的前奏

　　麻醉剂是中国古代医学成就之一，如麻沸散就是目前世界上已知的最早发明和使用的麻醉剂，由东汉末年至三国时期杰出的医学家华佗所创造。只可惜麻沸散的配方早已失传。

　　近代英国化学家汉弗里·戴维最早发现了一氧化二氮具有轻微的麻醉作用。18世纪末，有一天戴维牙疼得厉害，当他走进一间充有一氧化二氮气体的房间时，忽然感觉牙齿不疼了。好奇心驱使戴维做了很多次试验，

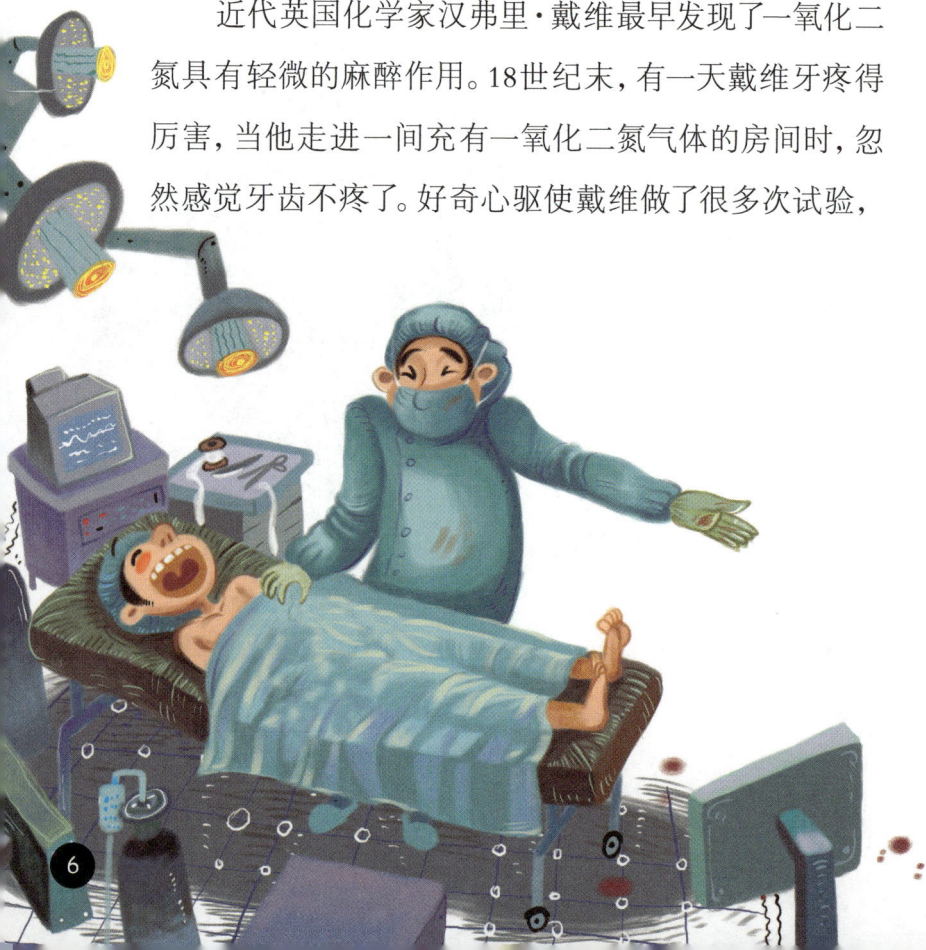

从而证明了一氧化二氮具有麻醉作用。因为戴维闻到这种气体时会止不住大笑，所以称它为"笑气"。笑气可能是西医使用得最早的麻醉剂。

由于会使患者狂笑，而且使用时麻醉师也会受到不同程度的影响，所以笑气在麻醉史上仅仅是昙花一现。不过，即使是现代，笑气仍然可以派上用场，它可以作为门诊时的小剂量麻醉剂使用。

1844年，美国化学家考尔顿在研究了笑气对人体的催眠作用后，带着笑气到各地演讲，作催眠示范表演。他的一次表演引起了在场观看表演的牙科医生威尔士的重视，威尔士想到笑气可能具有麻醉作用。威尔士进行了多次试验，但并未成功。后来威尔士的助手威廉·莫顿从化学家杰克逊那里得到启示，决定采用乙醚进行麻醉。1846年10月，威廉·莫顿成功地进行了近代史上第一例麻醉下的手术。1880年，威廉·梅斯文通过导管把氯仿气体直接输入病人的气管，成功地进行了麻醉。

今天，乙醚和氯仿仍是全身麻醉常用的吸入性麻醉药。

发明人之争

　　牙科医生威尔士率先在医学领域使用笑气进行麻醉，而他的助手莫顿和化学家杰克逊率先使用乙醚进行麻醉。

　　当他们得知美国国会决定拨款奖励麻醉剂的发明人时，便争得不可开交，甚至闹到了法院。最后，威尔士因为精神崩溃自杀，莫顿在狂躁的状态下不幸摔死，而杰克逊则带着精神疾病离开了人世。

　　肉体的痛苦可以靠麻醉剂缓解，但过度地追逐名利往往会使人坠入欲望的深渊难以自拔。

华佗之死

　　擅长治疗疑难杂症的名医华佗，曾经受命为曹操诊病。

　　曹操头风病发作，疼痛难忍。华佗立即给曹操针灸，针拔疼止，特别有效。后来华佗对曹操说："你这个头风病的病根叫'风涎'，长在脑子里，只有先服用了麻沸散，然后用利斧劈开

脑袋，取出'风涎'，才能彻底治好头风病。"

　　曹操一向疑心很重，一听华佗这个治疗方案，勃然大怒。他认为华佗故意设计了这样一种治病方案，想借开刀之机，杀死自己。盛怒之下的曹操立即把华佗投入狱中，最终杀害了这样一位不可多得的名医。

麻醉假死

　　据说在中国古代，通过控制麻醉汤剂的用量可以控制麻醉的深度和时间，服用过量往往会出现假死现象，这在历史上也曾为坏人所利用。

　　南宋的周密在《癸辛杂识续集》中记载，很多贪官污吏在东窗事发时，为了躲避应有的惩罚，常常口服适量的麻醉汤剂假死，以蒙混过关，免受追究。

眼镜：
让世界更清晰

　　如果要评选世界上100项最伟大的发明，它应该位列其中。它使得许许多多的视力缺陷者能够清楚地看见身边的一草一木、一虫一鸟，让一切摆脱迷雾的笼罩，变得清晰而自然。也许你已经猜到它是什么了，没错，它就是眼镜。

　　要说世界上第一副眼镜是谁发明的，已经无从考证，但人类早在千年以前就发现了一个神奇的现象：用透明水晶或宝石磨成的透镜具有放大影像的功能。而这种透镜也许就是最原始的眼镜吧！

　　13世纪中期，英国学者罗杰·培根看到许多人因为视力不好而影响阅读，就想发明一种工具，帮助人们解决这个问题。一天清晨，培根在花园里散步，路过一片灌木丛时，看到一张挂满水珠的晶莹剔透的蜘蛛网。透过这些水珠，他惊奇地发现，蜘蛛网后面的树叶被放大了很多，甚至连叶脉都看得清清楚楚。

　　这一发现让培根兴奋不已，他连忙跑回家，拿出一个玻璃球放在书上，透过球面看，书上的文字果真被放大了，但不足的是，这些字看起来还是很模糊。在多次尝试之后，培根利用玻璃球和金刚石制作出可以放大文字的镜片。他将玻璃切割成合适的大小，并将其固定在木片上，加上手柄，制作出一种便于手持的放大工具。它可以看作是眼镜的早期形式。尽管培根并没有直接发明现代意义上的眼镜，但他做的这些工作不仅帮助了视力不佳的人，也为后来眼镜的发明和改进提供了重要的理论基础。

在东方，眼镜也很早就出现了。元明时期，中国出现了能够矫正视力的眼镜，镜片大多为椭圆形，由水晶、石英、黄玉等磨制而成，镶嵌在用龟壳做的镜框里。使用时，将铜制的眼镜脚卡在鬓角，或用细绳子拴在耳朵上。当时的眼镜造价不菲，通常被视为身份、地位的象征。到了清朝嘉庆年间，眼镜在中国已经十分普及了。

把镜片藏起来

如今，和框架眼镜半分天下的还有隐形眼镜——镜片被神奇地装进了眼睛里。它比框架眼镜更方便，看起来更美观，真可以说是爱美人士的福音。但这种眼镜如果佩戴时操作不当容易造成眼部感染，所以要慎重选择。

改变"易碎体质"

虽然眼镜极大地方便了视力缺陷者的生活，但早期的眼镜都有一个无法克服的毛病，那就是玻璃镜片易碎。这也成了大多数眼镜佩戴者的烦恼。

随着眼镜的制作工艺不断进步，这一烦恼最终得以解决。1937年，法

国研制出一种名为"亚克力"的塑料镜片，这种镜片虽然不易破碎，但清晰度较差。

1954年，法国工程师从制作飞机座舱的材料中受到启发，发明了清晰度高又更为牢固的树脂镜片，从此，它一跃成为镜片王国的宠儿，一直沿用到今天。

高科技眼镜

2023年6月，苹果AR眼镜Apple Vision Pro开始售卖，它的外观和滑雪护目镜很像，顶部带有一个旋转按钮和按键。

戴上眼镜通过眼睛虹膜解锁后，即可进入一个全新的VR世界。你可以一秒将家里的房间甚至是飞机上的狭小座位变成私人影院；跟别人打视频电话，家人或同事会像真人一样出现在你的面前。这一切只需要你动动嘴（语音）或者动动手指，甚至是转动眼球即可控制。

潜水艇：
深海里的沉默刺客

潜水艇的设计创意最早可追溯到15—16世纪，据说著名画家达·芬奇构思了一艘"可以水下航行的船"，但这一创意在当时并未得到认可，所以他一直没有画出设计图。

在欧洲，直至第一次世界大战前夕，潜水艇仍被当成"非绅士风度"的武器，其被俘艇员可能被当作海盗论处。但战争是不讲任何情面和风度的，所以第一次世界大战一开始，潜水艇就被广泛用于海战。1914年9月22日，德国"U-9号"潜水艇在一个多小时内接连击沉三艘英国巡洋舰，而直至它浮出水面，英国人才知道敌人在哪儿。这次作战充分显示了潜水艇的威力。据统计，在第一次世界大战期间，各国潜水艇共击沉192艘战斗舰艇。由于潜水艇的破坏力巨大，再加上它悄无声息、不易被发觉的特点，人们称其为"深海里的沉默杀手"。

潜水艇在第二次世界大战期间却暴露出一个很大的问题，那就是在水下持续航行的时间不够长，它必须浮出水面充电，而在充电的过程中，潜水艇容易受到攻击。为了解决这个问题，人们又研制出使用核动力装置、可以长时间续航的核潜艇。

行踪神秘、出奇制胜的核潜艇是当今世界最具战略威慑力的武器装备之一。世界上第一艘核潜艇是美国的"鹦鹉螺号"。"鹦鹉螺号"原是凡尔纳的经典科幻小说《海底两万里》中一艘潜水船只的名字。"鹦鹉螺号"核潜艇于1954年1月24日首次试航。它可携带18枚鱼雷；下潜深度为200米；可在最高航速下连续航行50天而不需要添加任何燃料，航程可达3万千米。它在当时被各国誉为"海底杀手之王"。

"库尔斯克号"事件

2000年8月12日,俄罗斯海军号称"世界吨位最大、武备最强"的巡航导弹核潜艇"库尔斯克号"在参加一次军事演习时,因鱼雷中的过氧化氢燃料发生爆炸而沉没,核潜艇上所载的118名海军官兵全部遇难,但不幸中的万幸,该事件没有造成海洋核污染。

这起灾难的发生提醒人们,核潜艇虽然威力巨大,但其危险性和对环境的破坏力也相当惊人。希望战争的悲剧不要重演,和平才是这个世界向往的主旋律。

"长尾鲨号"事件

"长尾鲨号"核潜艇堪称美国海军核动力潜艇发展的里程碑,但它也不幸成为美国海军史上第一艘失事的核动力潜艇。1963年4月10日,"长尾鲨号"开始大深度潜航试验,当潜到水下200米后,越往下潜,水面上收到的信号就越模糊。不久，"长尾鲨号"从水下报告："出现故障，艇首上翘，目前正向压载舱充……"语气听起来十分惊慌，还没讲完便突然中断了，几分钟后，水下传来一声艇体破裂的声音，接着便悄无声息了，艇上的129人无一生还。

中国核潜艇

20世纪60年代,中国开始依靠自己的力量研究建造核潜艇，并成功建造了091型攻击核潜艇，后来又在此基础上,成功建造了首艘战略导弹核潜艇，型号为092型。

1998年，093型核潜艇在辽宁渤船重工开工建造，2006年开始服役。这是我国第二代攻击型核潜艇，比起第一代攻击型核潜艇，093型核潜艇在隐蔽性、武器配备和传感器系统方面更加强大。

094型核潜艇是我国第二代战略核潜艇，它与093型核潜艇一起，是中国海军核潜艇部队目前的主力装备。而最新研制的096型战略核潜艇，则有望进一步拉近中国与西方先进核潜艇的技术差距，成为中国海防的又一重器。

抽水马桶：
世界卫生水平的标尺

在英国女王伊丽莎白一世统治时期，英国有一位名叫约翰·哈灵顿的爵士。这位爱好文学的爵士，却因传播一则在当时看来有伤风化的故事而被判处流放。

1584年至1591年间，哈灵顿在他的流放地——英国凯尔斯顿盖了住房，在那里，他设计出了世界上第一个抽水马桶。哈灵顿对这项发明颇为自豪，特地以《荷马史诗》中的英雄埃杰克斯的名字为它命名。此后，哈灵顿还写了《夜壶的蜕变》一书，详细阐述了抽水马桶的设计原理。不过，当时的英国人并没有接受这项发明，他们还是喜欢使用夜壶。

到了1775年，伦敦有个叫亚历山大·卡明的钟表匠改进

了哈灵顿的设计，发明了一种阀门装置。他研制出的冲水型抽水马桶，首次获得了专利权。

1848 年，英国议会通过了《公共卫生法令》，法令规定："凡新建房屋、住宅，必须有一定的排污系统和存放垃圾的地方。"这为抽水马桶技术的发展提供了条件。

不过，一直到19世纪60年代，伦敦完善了相应的排水设施，许多人才第一次享受到抽水马桶的好处。到19世纪后期，欧洲的城镇都安装了自来水管道及相应的排污系统后，抽水马桶才开始普及，而这已经是哈灵顿发明抽水马桶近300年后的事了。

1889年，英国水管工人托马斯·克拉普再次改进了抽水马桶。他改良的抽水马桶使用浮球来控制储水箱进水，结构简单，使用方便。从此，抽水马桶的结构基本上固定了下来。总而言之，英国人发明抽水马桶是对人类社会的一大贡献。因为在当今世界，抽水马桶已被公认为"卫生水平的标尺"。

中国最早的马桶

中国最早的马桶可以追溯到汉朝，当时的马桶叫"虎子"，是皇帝专用的，据说是玉制的。

相传西汉时"飞将军"李广射死卧虎后，让人铸了虎形的铜质溺具，表示对猛虎的蔑视，这就是"虎子"这一名称的由来。

后来到了唐朝，因为皇族中有个人叫李虎，为了避讳，就把"虎子"改名为"兽子"或者"马子"。再后来，则慢慢演化出"马桶"这一称呼。

马桶将军

北洋军阀王怀庆，人称"马桶将军"。因为无论在什么地方，一个漆红烫金、上面写着斗大的"王"字的马桶总是不离他的左右。他的办公桌后面放的不是椅子，而是马桶，他平时就在马桶上办公。

行军打仗时，得有一个班左右的人抬着马桶随行。只要看到那只硕大而鲜艳的马桶，人们就知道这是谁的队伍了。打仗的时候，王怀庆的士兵在前面冲锋，他就坐在写有"王"字的马桶上督战，那情景真是令人啼笑皆非啊！

智能马桶

智能马桶最早由美国人发明，曾经主要用于医疗和老年保健，最初主要有温水洗净功能。后来，韩国、日本的卫浴公司不断创新，对智能马桶进行了改造，增加了座圈加热、暖风干燥、杀菌等多种功能。

随着科技的不断发展，未来的智能马桶还有望成为人们的"私人医生"，它由具有尿液检测功能的全自动智能坐便器、体重秤、脂肪测试仪、血压仪和数据显示系统组成。智能马桶"医生"可以通过这些仪器和设备，随时为家庭成员进行全方位的身体指标检验，并通过分析数据，给予相应的就医提示。

照相机：
抓住美好的生活瞬间

拍照已成为人们生活中一件必不可少的趣事，它可以帮助人们留住美好的瞬间。拍照用的照相机是利用光学成像原理记录影像的设备。最早的照相机结构简单，包括暗箱、镜头和感光材料等，因此拍出来的相片清晰度很低。

1826年，法国人约瑟夫·尼埃普斯将涂有沥青的金属板放在暗箱里，镜头对着窗外，8小时后将金属板浸入薰衣草油中冲洗，终于得到了世界上第一张能永久保存的感光而成的照片。

1829年，擅长舞台设计和巨幅画绘制的法国艺术家达盖尔开始与尼埃普斯合作。达盖尔长期致力于让摄影方法更快捷、图像更精美、观看和保存更简易的研究，经过8年的艰辛努力，终

于在1839年创立了"达盖尔摄影法"。它有完整的"显影"与"定影"工艺，奠定了现代摄影的基础。

1991年，美国柯达公司成功推出世界上第一台商用数码单反相机。然而充满戏剧性的是，就是这项发明让有着130多年历史、曾经在胶卷领域称霸全球的柯达公司倒闭了！

"你只要按下快门，其他的交给我们。"这是名扬世界的柯达公司充满了霸气、洋溢着自豪的口号。早在1975年，柯达公司就研发了数码相机技术，这一技术被应用于航天领域。1991年，柯达公司制成了130万像素的数码单反相机。但是柯达公司只把数码成像方面的技术开发当成向社会炫耀的一种资本，并没有真正重视数码技术的商业化应用，而仍把关注的重点放在传统的胶卷生意上，这直接导致了柯达公司后来悲惨的命运。

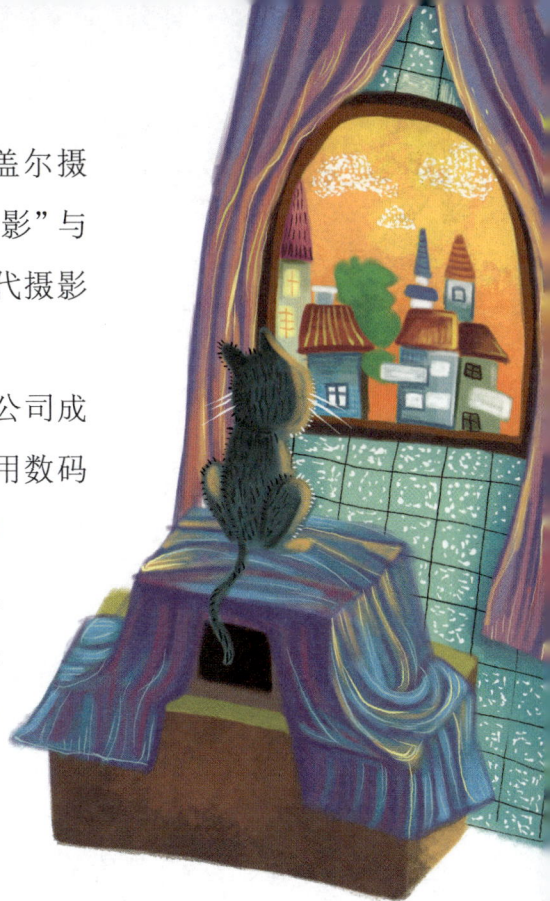

"收魂摄魄之妖术"

照相机在第一次鸦片战争后传入中国，由于它能够真实地记录人的容貌，首先被用于拍摄人像。

受当时科技水平限制，许多人盲目地认为拍照就是摄取人的魂魄，这种技术是"收魂摄魄之妖术"。加之女性形象被拍摄、复制、流传并不为大多数人所接受，所以摄影技术传入中国后数十年间一直未流入宫廷。

直到清朝光绪年间，珍妃将照相机带进后宫，拍摄了不少照片，照相机才进入宫廷。据说慈禧十分喜欢拍照。

世界上第一张照片

法国人约瑟夫·尼埃普斯是世界上第一张永久性照片的成功拍摄者。

1826年的一天，尼埃普斯在房子顶楼的工作室里拍摄了世界上第一张能永久保存的照片。在这张照片上，左边是鸽子笼，中间是仓库屋顶，右边是另一屋的一角。

这张照片自1898年公开展览后曾一度销声匿迹，直至1952年才重新面世。

科学家杜森·斯图里克说："如果你想一想照片的整个历史，还有胶片和电视影像的发展，就会发现，它们都是从这第一张照片开始的。"这张照片算得上是所有此类技术的老祖宗。也正因如此，它才那么令人激动。

会飞的照相机

随着科技的不断发展，手机等电子设备自带的摄像功能已越来越先进，随时拍照、录像已成为很多人记录自己生活的方式之一。

而四轴无人机的出现，更是将人类的拍摄范围大大扩展，其在航拍、微型自拍、观察野生动物、监控、影视拍摄等方面发挥着重要作用。2018年9月，世界海关组织协调制度委员会将中国的"大疆无人机"归类为"会飞的照相机"。

洗衣机：
终结手洗时代

  从古到今，洗衣服都是一项难以逃避的家务劳动，在洗衣机出现以前，对许多人而言，它并不像田园诗里描绘的那样充满乐趣。手搓、棒敲、冲刷、甩打……这项不断重复的简单体力劳动，留给人们的常常是无比的辛苦和劳累。

  1858年，一个名叫汉密尔顿·史密斯的美国人研制出世界上第一台洗衣机。该洗衣机的主件是一只圆桶，桶内装有一根带有桨状叶片的直轴，直轴是通过摇动和它相连的曲柄转动的。

  同年，史密斯取得了这台洗衣机的专利权。虽然这台洗衣机因为使用费力且易损伤衣服而没被广泛使用，但它却

标志着用机器洗衣的开端。

1874年，"手洗时代"遇到了前所未有的挑战，美国人比尔·布莱克斯发明了木制手摇洗衣机。布莱克斯的洗衣机构造极为简单：在木筒里装上6块叶片，用手柄和齿轮传动，使衣服在筒内翻转，从而达到"净衣"的目的。木制手摇洗衣机的问世，让那些为提高生活效率而苦思冥想的人大受启发，洗衣机的改进过程也开始加速。

1880年，美国出现了蒸汽洗衣机，蒸汽动力开始取代人力。经历了上百年的发展、改进，蒸汽洗衣机的效率较早期有了相当大的提高，但工作原理是相同的。

蒸汽洗衣机之后，水力洗衣机也出现了。水力洗衣机包括洗衣筒、动力源和与船相连接的连接件，它不需要任何电力，只需自然的河流水力就能洗涤衣物，解决了船员在船上洗涤衣物的烦恼。

1910年，美国人费希尔试制成功世界上第一台电动洗衣机。电动洗衣机的问世，标志着人类家务劳动自动化的开端。

超声波洗衣机

普通洗衣机一般是通过洗涤剂与衣物上的污垢发生化学反应，再用清水多次漂洗后，达到洗净衣物的目的。但是，这种洗衣机的去污能力比较有限，只能清洁衣物表面。

与普通洗衣机不同，超声波洗衣机洗衣时不需要使用洗涤剂。超声波洗衣机主要利用超声波产生巨大能量，将污垢从衣物上"震"下来并使其溶解到水中，然后通过内筒的转动对衣物进行甩打和漂洗，洗净衣物。用超声波洗衣，最大的优点是环保。

各种各样的洗涤设备

随着科技的发展，以及为了满足人们解放双手、让生活更舒适的需求，各种各样的洗涤设备相继问世。

洗鞋机：外观比洗衣机更小巧，内在也有其独特之处，内筒的内侧和波轮轴都加了毛刷，在机器运转时可以通过毛刷与鞋的摩擦来洗鞋。

洗碗机：是自动清洗碗、筷、盘、碟、刀、叉等餐具的设备。但目前洗碗机在中国的普及率还不高，市场还有待进一步开发。

藏污纳垢的洗衣机

洗衣机内部看上去非常干净，但洗衣筒的外面还有一个套筒，两筒中间有个夹层叫洗衣机槽，洗衣机长年累月地清洗衣物，内筒和外筒的筒壁以及洗衣机槽内就会堆积一层污垢。

洗衣机槽实际就像下水道，里面的污垢主要由水垢、洗涤剂游离物、纤维、有机物质、灰尘等组成，这些"大杂烩"顽固地附着在洗衣机槽内，在常温下发酵，洗衣时会污染衣物，甚至会让人皮肤瘙痒、过敏，因此要经常清洗洗衣机槽。

塑料：
万用材料

　　1868年，为了应对台球制作原料象牙日益短缺的境况，美国的台球制造商悬赏巨额奖金，寻找新的制造台球的材料。一个名叫约翰·海厄特的印刷工，在巨额奖金的激发下，发明了赛璐珞——一种透明、可以染色的塑料，其被称为"塑料的鼻祖"。

　　1872年，德国化学家阿道夫·冯·拜尔发现，苯酚和甲醛发生反应后，玻璃管底部有些顽固的残留物。对拜尔来说，这种黏糊糊的不溶解物质是个麻烦，但对美籍比利时人列奥·亨德里克·贝克兰来说，这种东西带他走上了一条光明大道。贝克兰从1904年开始研究这种反应，3年后，他得到一种糊状的黏性物质，模压成型后即可成为半透明的硬塑料——酚醛塑料。

　　酚醛塑料绝缘、稳定、耐热、耐腐蚀、不可燃，贝克兰称之为"万用材料"。特别是在迅速发展的汽车、无线电和电力工业中，它被制成插头、插座、收音机和电话外壳，也被用于制造台球、刀柄、桌面、烟斗、钢笔和人造珠宝。塑料的发明被誉为"20世纪的炼金术"，它用途广泛，可以从煤焦油那样的廉价物中提取出来。

1924年，《时代》周刊的一则封面故事称：那些熟悉酚醛塑料潜力的人表示，数年后它将出现在现代文明的每一种机械设备里。1940年5月20日的《时代》周刊则将贝克兰称为"塑料之父"。当然，酚醛塑料也有缺点，它受热会变暗，只有深褐、黑或暗绿3种颜色，而且容易摔碎。

1939年，贝克兰退休时，他的儿子乔治·华盛顿·贝克兰无意从商，将公司以1650万美元（相当于今天的2亿美元）的价格出售给了联合碳化物公司。1945年，美国的塑料年产量超过了40万吨，后来，塑料的年产量又超过了工业时代的代表——钢。

不过，随着塑料工业的迅猛发展，废弃塑料的处理也引起了一系列社会问题，塑料在为人类社会解决了一系列问题的同时，也给人类社会带来了新的问题。

"塑料血"

2007年，英国谢菲尔德大学的研究人员开发出一种人造"塑料血"，它看起来就像浓稠的糨糊，只要将其溶于水就可以给病人输血，可作为急救过程中的血液替代品。不过，这种处在研究阶段的"塑料血"尚未做过人体试验。

这种新型人造血由塑料分子构成，一块"塑料血"中有数百万个塑料分子，这些分子的大小和形状都与血红蛋白分子相似，还可携带铁原子，像血红蛋白那样把氧输送到全身。

由于制造原料是塑料，这种人造血轻便易带，不需要冷藏保存。不过，这种"塑料血"不能永久替代正常血液，被输血者必须在尽可能短的时间内再次输入真正的血液。

防弹塑料

塑料在人们眼中常常是脆弱的代表，但2013年，墨西

哥的一个科研小组研制出一种新型塑料，它可以用来制作防弹玻璃和防弹服，其重量远轻于传统金属防弹材料。

这是一种经过特殊加工的塑料，与正常结构的塑料相比，具有超强的防弹性。试验表明，这种新型塑料可以抵御直径22毫米的子弹呢！

可怕的白色污染

塑料制品已应用在社会的各个方面，从工业生产到衣食住行，塑料制品无处不在，但塑料废弃物数量的快速增长及由此引起的社会和环境问题也日益严峻。为了解决塑料污染，各国的科学家正在努力研究应对之策。

2015年，北京航空航天大学的一个研究组发现，黄粉虫（面包虫）的幼虫可降解聚苯乙烯这类最难降解的塑料。根据研究组成员们的试验，100只黄粉虫幼虫每天可以吃掉34～39毫克的泡沫塑料，其中一部分被分解为二氧化碳，剩余的被转化为粪便排出体外，黄粉虫的生长也没有受到食用塑料的不良影响，仍可以健康成长。这一发现为解决全球性的塑料污染问题提供了新思路。

游戏机：
无须视作洪水猛兽

1888年，德国人斯托威克根据自动售货机的投币器工作原理，设计了一种名为"自动产蛋鸡"的机器，只要往机器里投入一枚硬币，"自动产蛋鸡"便会"产"下一枚鸡蛋，并伴有叫声。人们把斯托威克发明的这台机器看作投币游戏机的雏形。

但是真正用于娱乐业的游戏机，当属20世纪初德国出现的"八音盒"游戏机。游戏者只要一投币，音盒内的转轮便会自动旋转，奏出音乐。

投币游戏机大都采用机械或简易电路结构，趣味性较差，而且内容单一。随着全球电子技术的飞速发展，电子游戏渐渐浮出水面，美国电气工程师诺兰·布什内尔更是前瞻性地看到了电子游戏的前景。

1971年，布什内尔开发出世界上第一款商用投币式电子游戏——《电脑太空战》，但这款游戏因为过于复杂而未取得成功。但布什内尔并未放弃，他从中吸取教训，在1972年又推出了另一款较为简单的游戏——《乓》。

一台装有《乓》的游戏机被放在一家酒吧的角落里，结果没过两天，酒吧老板就打电话告诉布什内尔，那台电子游戏机坏了，让他前去修理。布什内尔

拆开机壳，意外地发现投币箱被硬币塞满了。这不仅意味着巨大的收益，还意味着人们对这种游戏机的喜爱。这成功激发了布什内尔进一步研制、生产电子游戏机的热情，为此他创立了世界上第一家电子游戏机公司——雅达利公司。随着计算机及网络的普及，网络游戏逐渐成为主流，但依然无法完全取代游戏机。

《超级马力欧兄弟》

《超级马力欧兄弟》是很多人关于童年最深刻的记忆，即便在各种3D、4D游戏层出不穷的今天，可爱的马力欧兄弟在人们心中依然占有一席之地。

这款游戏由日本著名的游戏公司任天堂出品，主人公马力欧可以算是游戏世界中最具人气的角色之一。马力欧长着大鼻子，头戴帽子，身穿背带工作服，形象俏皮，靠吃蘑菇长大，十分有趣。

体感游戏机

体感游戏机是一种通过改变身体的动作和姿态来操作游戏的游戏机。它使用传感器和摄像头来捕捉用户的动作，并将这些动作转化为游戏中的指令，从而让用户能够以更加真实和自然的方式玩游戏。体感游戏机不仅可以提供传统的游戏体验，还可以帮助用户锻炼身体，增加人机互动、多人互动的趣味性。

游戏变体育竞技

2023年举办的杭州第19届亚运会,有史以来第一次将电子竞技纳入正式比赛项目。而电竞比赛也与篮球、游泳一起,并列成为本次亚运会最贵的观赛项目。相比于普通人平时玩的游戏,电子竞技更看重团队之间的配合与技巧,也更加讲究策略,而且更具有观赏性。随着时代的发展,电子竞技也许将会进入奥运赛场。

正确认识网络游戏

其实,任何事都有两面性。好的游戏可以促使人思考,带给人美的享受,一些教育类游戏寓教于乐,让孩子更容易接受新事物,了解新知识。适度的娱乐能让人在紧张忙碌的生活中放松身心,还可以锻炼人的反应能力和手眼协调能力。但如果过分沉迷游戏,则会使人无法分辨虚拟与现实世界,走上歪路。因此,面对无孔不入的游戏,家长不应该全盘否定,适时、适度引导才能让孩子有一个更愉快的童年。

无线电：
看不见的运输线

　　无线电是指在所有自由空间（包括空气和真空）传播的电磁波。无线电技术的原理是导体中电流强弱的改变会产生无线电波，利用这一现象，可以将很多信息加载于无线电波之上进行传输。

　　1864年，英国物理学家麦克斯韦在总结前人研究的基础上，建立了完整的电磁理论。

　　1893年，美籍塞尔维亚裔科学家尼古拉·特斯拉在美国密苏里州圣路易斯首次公开展示了无线电通信，在为费城富兰克林学院以及全国电灯协会做的报告中，他描述并演示了无线电通信的基本原理。

　　无线电最早被应用于航海中。海上时常有大雾天气，能见度低，无法用陆标和天文定位，但是

可以根据海区条件进行无线电定位导航，使用莫尔斯电报在船与陆地间传递信息。

1906年圣诞节前夜，美国人雷吉纳德·费森登实现了历史上首次无线电广播，他广播了自己用小提琴演奏的《平安夜》和朗诵的《圣经》片段。位于英国切尔姆斯福德的马可尼研究中心，则在1922年开播了世界上第一个定期播出的无线电广播娱乐节目。

美国前总统罗纳德·里根在"冷战"后期发表了一场著名的演说——《星球大战计划》，而这项耗资巨大的计划就是建立在无线电技术的基础上的。

自100多年前无线电技术问世以来，人们的想象力被它激活，变革的大门因它打开，无线电不但成为传达救生信息的渠道，还有提供娱乐、传播信息、影响人们的思想的功能。无线电以短波、调频和卫星传送等方式将身处各地的人们联系在一起，尤其在恶劣环境和危急时刻，无线电可以说是人们的生命线！

世界无线电日

2011年11月3日，联合国教科文组织第36届大会决定，把每年的2月13日，即联合国电台成立日，定为"世界无线电日"，旨在宣传无线电作为通信载体，在促进教育发展、信息传播以及自然灾害中重大信息发布等方面所发挥的重要作用。2012年12月，联合国教科文组织的这一倡议在联合国大会上获得批准。

无线传输电能

曾有日本科学家提出，可以在太空中建立大型的太阳能电站，利用无线电将电能转化为微波送回地球，供人们使用。而这一大胆设想也许真有可能成为现实。2015年，日本先后两次成功进行了微波无线输电试验，该成果有望用于太空太阳能发电领域。

无线遥控昆虫

2019年，美国科学家研制出一项能够对昆虫进行无线遥控的新技术。科学家们表示，通过在一种名为"独角仙"的甲虫体内植入电极，他们已经能够借助无线电信号远程控制这种昆虫的翅膀和其他身体部位的运动，可以让这些甲虫替代人类完成一些危险工作。他们认为，大规模生产这种可控制的甲虫将会使人类受益匪浅。同时，在独角仙体内植入电极，位置并不需要太精准，因此，批量生产"可控甲虫"完全能够实现。

中国天眼

射电望远镜可以用来收集宇宙中微弱的无线电信号，再经过接收系统将信号放大，最终从噪音中分离出有用的信号供科学家研究。我国自主研制的500米口径球面射电望远镜(英语缩写FAST)，是世界最大单口径、最灵敏的射电望远镜，它的综合性能比著名射电望远镜"阿雷西博"提高约10倍，被称为"中国天眼"。

味精：
制造舌尖上的美味

　　味精是一种调味品，其诞生至今已有100多年。但其实，在更早的中国古代就有味精，只是那时候不叫味精而叫海草粉。在明朝的时候，中国的厨师就将海草粉当作调味品加入菜肴中，令食物味道更鲜美。

　　说起味精的发明，纯属偶然。1908年的一天傍晚，日本东京帝国大学的化学教授池田菊苗坐到餐桌前，由于他那天完成了一个难度较高的实验，因此心情特别舒畅。当妻子端上来一碗黄瓜海带汤时，池田一反往常的快节奏饮食习惯，竟有滋有味地慢慢品尝起来。不料这一品，他竟发现当天的汤味道特别鲜美。

　　池田感到很奇怪，普通的海带和黄瓜怎么会有这样的鲜味？职业

敏感让这位教授一离开饭桌，就钻进了实验室里。他取来一些海带，细细研究起来，而这一研究，就是半年。半年后，池田发表了他的研究成果：从海带中可提取出一种名为"谷氨酸钠"的化学物质，只要把极少量的谷氨酸钠加到汤里，就能使味道更鲜美。

一位名叫铃木三郎助的日本商人看到这个研究成果后，立刻联系池田，想与他携手进行商业化操作。但池田告诉铃木，从海带中提取谷氨酸钠作为商品出售不现实，因为每10千克的海带中只能提取出0.2克的这种物质。可是继续研究后，他们发现在大豆和小麦的蛋白质里也含有这种物质，利用这些廉价的原料也许可以大量生产谷氨酸钠。

池田和铃木的合作很快就结出了硕果。不久后，一种叫"味之素"的商品出现在东京浅草的一家店铺里，广告更是吸引人——"家有味之素，白水变鸡汁"。一时间，购买"味之素"的人差一点就挤破了店铺的大门。

真的能缓解牙疼吗?

牙疼是一种常见病，有时牙疼起来吃药打针也无济于事。可你知道吗? 竟然有一种说法——牙疼时，只要用筷子蘸一点味精，将它点到疼痛的牙齿上，疼痛将很快消失。虽然有许多人声称亲自试验过，确实有效果，但科学界目前对此还没有明确的科学解释。真相究竟如何，可以留给所有对科学感兴趣的小读者去研究。

可怕的身体麻痹

1968年，一位医生在一家餐馆吃了饭之后，发现自己的身体麻痹了，从颈后部开始，一直延伸到手臂和背部、臀部，同时他感到全身无力、四肢发软、心跳加速，这些症状持续了大约两个小时。后来，这位医生发现，他的一些朋友也在吃过加了大量味精的菜之后，出现类似的不适症状。

虽然后来相关研究证明，适量食用味精并不会对人体健康产生危害，但现在人们越来越崇尚自然饮食，越来越少添加味精了。

催生肥胖的隐患

美国科学家在一次实验中，采用皮下注射的方式，连续10天把味精溶液注入一群刚出生的老鼠体内，结果它们长大后变得非常肥胖。

此外，与另一群健康的老鼠相比，这些实验鼠体内较大型的细胞对肾上腺素的脂解作用反应特别弱，但是对胰岛素的抗脂解作用反应特别强烈。

据此，负责研究的专家认为，味精会导致肥胖症，原因是味精改变了细胞对肾上腺素及胰岛素的反应。

莫尔斯电码：
暗藏玄机的"乱码"

　　莫尔斯电码是一种能表达意义的特殊信号代码，通过两种基本信号和不同时间间隔的不同排列顺序来表示不同的英文字母、数字和标点符号。它由美国人艾尔菲德·维尔发明，当时他正在协助莫尔斯进行电报机的发明。莫尔斯与艾尔菲德·维尔签订了一份协议，一起制造更加实用的设备。艾尔菲德·维尔构思了一个方案，通过点、画和中间的停顿，让每个字元和标点符号彼此独立地发送出去。他们达成一致，同意把这种标识不同符号的方案放到莫尔斯的专利中，这就是后来人们熟知的美式莫尔斯电码，它被用来传送了世界上第一条电报。

　　这种古老的电码是为了配合报务员的接听方式而设计的，报务员可以从扬声

器或者耳机中听到电码的声音，进而记录下来。像那时的许多年轻人一样，美国大发明家爱迪生就曾是一名报务员。

1909年8月，美国轮船"阿拉普豪伊号"由于尾轴破裂，无法航行，就使用莫尔斯电码向邻近海岸和过往船只拍发了"SOS"信号，这是世界上第一次使用这个信号的案例。

由于莫尔斯电码的速率太低，不适应现代通信大容量、高速度的要求，也不适应现代通信的保密机制，所以先进的军事大国都已经取消了莫尔斯电码在军事上的使用。2003年，世界无线电通信大会决定莫尔斯电码不再成为必需，大多数的国家剔除了业余无线电执照考试中的莫尔斯电码内容。

即便如此，作为一种信息编码标准，莫尔斯电码依然拥有其他编码方案无法超越的长久的生命力，莫尔斯电码在海事通信中被作为国际标准一直使用到1999年。

1997年，当法国海军停止使用莫尔斯电码时，发送的最后一条消息是："所有人注意，这是我们在永远沉寂之前最后的一声呐喊！"

更多想知道

爱情信使

　　早已被新科技取代的莫尔斯电码，曾在中国的互联网世界里演绎了一段曲折的爱情猜谜传奇。

　　2014年，一名男子在互联网上向一名女子表达了爱慕之情，女子却只答复了一段莫尔斯电码以及很少的提示，并表示破译这个电码，才答应和他约会。

　　这名男子绞尽脑汁，不得其解，只好在某贴吧里将电码贴出以求助网友，最终电码被破解。谜底是"I LOVE YOU TOO"（我也爱你）。

SOS信号

　　"SOS"是国际莫尔斯电码救难信号。鉴于海难发生时往往由于不能及时发出求救信号而造成很大的人员伤亡，国际无线电报公约组织于1908年正式将

"SOS"确定为国际通用海难求救信号。

但英国的无线电操作员很少使用"SOS"信号，他们更喜欢老式的"CQD"遇难信号。

有传闻称，"泰坦尼克号"遇难时，它的无线电首席官员约翰·乔治·菲利普一直在发送"CQD"遇难信号，却没有收到任何回音。最后下属建议他："发送'SOS'吧，这是新的求救信号，也可能是我们的最后一线希望！"这样，"泰坦尼克号"的求救信号才被人们发现。

莫尔斯电码校训

北京邮电大学是一所以信息科技为特色的研究型大学，在信息通信专业方面的教学和科研能力很强。

北京邮电大学西门的路面上有几块黑色的地砖呈长条状和点状，不规则地分布在白色的地砖上。乍一看这些地砖似乎没什么特别的，其实这些

图像正是一组莫尔斯电码，翻译过来就是北京邮电大学的校训：厚德博学，敬业乐群。

直升机：
火力凶猛的"竹蜻蜓"

人类自古以来就向往能够自由飞行，古老的神话描绘了人类早年的飞行梦，而梦想的飞行方式大都是原地腾空而起，就像现代直升机那样既能自由飞翔又能悬停于空中，还能实现随意定点着陆。阿拉伯民间故事中的飞毯、古希腊神话中的战车，都是垂直起落的飞行器，意大利著名画家达·芬奇也有关于垂直起降航空器的画作。

在中国，与此相关的最具代表性的物件则是竹蜻蜓。关于竹蜻蜓最早的记载出现于东晋葛洪的《抱朴子·杂应》："或用枣心木为飞车，以牛革结环剑以引其机，或存念作五蛇六龙三牛交罡而乘之，上升四十里……"竹蜻蜓传到欧洲后，曾对航空研

究和直升机的发明产生了重要影响。"英国航空之父"乔治·凯利曾制造过几个竹蜻蜓，用钟表发条作为动力来驱动竹蜻蜓旋转，飞行高度曾达27米。

随着生产力的发展和人类文明的进步，直升机的发展由幻想时期进入了探索时期。1903年，美国的莱特兄弟制造的固定翼飞机试飞成功。

在此期间，尽管在发展直升机方面，航空先驱付出了艰苦的努力，但由于直升机技术的复杂性和发动机的性能不佳，它的成功飞行要晚于固定翼飞机。1907年8月，法国人保罗·科尔尼研制出一架全尺寸载人直升机，并在同年11月13日试飞成功。这架直升机被称为"人类第一架直升机"。

值得一提的是，俄国人尤里耶夫独辟蹊径，设计出机头上方水平安装主旋翼、机尾处垂直安装尾桨的单旋翼带尾桨式直升机，并于1912年制造出试验机。这种直升机至今仍是直升机界的主流款式。

达·芬奇的画

19世纪末，在意大利的米兰图书馆，人们发现了一份达·芬奇从未发表过的手稿，手稿中就有一张他绘制的直升机想象图。

这是一个用亚麻布制成的巨大螺旋体，当达到一定转速时，就会把机体带到空中。驾驶员站在底盘上，拉动钢丝绳，以改变飞行方向。西方人认为，这是最早的直升机设计蓝图。

"阿帕奇"武装直升机

"阿帕奇"武装直升机是现美国陆军主力武装直升机，发展自美国陆军20世纪70年代初的"先进武装直升机计划"。自诞生之日起，"阿帕奇"武装直升机一直名列世界武装直升机综合排行榜第一位。

1989年，美国入侵巴拿马时，"阿帕奇"武装直升机首次投入实战，在数场重要的战役中充当了重要角色。一架"阿帕奇"武装直升机能同时发射多枚"地狱火"导弹，击中多个目标，理论上每次出击最多能击毁16辆主战坦克。

中国直升机

号称"坦克杀手"的武装直升机一直被西方认为是中国军事装备中的"软肋"。为了解决这一难题，中国人发扬了艰苦奋斗、勇于克难的精神。

"一万多个零件、两百多场试验、五百多个材料、一百五十多家单位、几万人连续干十几年。""武直-10"总设计师吴希明是这样形容我国第一架国产新型武装直升机的诞生过程的。"武直-10"结束了我国陆军航空兵依赖国外直升机改型兼当武装直升机的历史，大大提高了航空突击与反装甲能力。

而2010年7月成功首飞的"武直-19"原型机，可与"武直-10"形成"高低搭配"，进一步加强和提升了中国陆军航空兵的作战能力。

2024年，"武直-20"也已亮相，以应对未来作战的需要。

传真机:
展开图片传递的翅膀

  传真技术早在19世纪40年代就已经诞生,比电话的面世还要早30多年。它是由一位名叫亚历山大·贝恩的英国发明家根据钟摆原理于1843年发明的。但是,传真通信是电信领域里发展比较缓慢的技术,直到20世纪20年代才逐渐成熟起来,60年代后才得到迅速发展。自20世纪70年代开始,世界各国相继在公用电话交换网上开放传真业务,传真机才得到广泛的应用。

  人们对新闻照片和摄影图片的传送需求是很广泛的,许多科学家都曾致力于相片传真机的研究。1907年11月8日,法国发明家爱德华·贝兰向公众展示了他的研制成果——相片传真。1913年,他制成了世界上第一部用于新闻采访的手提式传真机。

1925年，美国电报电话公司的贝尔研究所研制出高质量的相片传真机。1926年，美国正式开放了横贯美国大陆的有线相片传真业务，同年还与英国互相开放了横跨大西洋的无线相片传真业务。此后，欧美其他各国和日本等国也相继开放了相片传真业务。

1935年，美联社引入了传真机，这个机器使新闻照片的传递速度大大提高，从而开辟了新闻照片快速传递的新纪元。传真技术的引入，不仅加快了新闻信息的传播速度，也极大地丰富了新闻报道的形式和内容。

在此之前，不管具有多么重大意义的新闻事件的照片，都需要几天，甚至几周的时间才能到达各家报社的办公桌上，而美联社的照片传真手段彻底改变了这一状况。从此以后，发生在世界各地的重大新闻事件的照片，在当天就能见报了。

传真技术的发明与发展为新闻照片的快捷传递起到了极其重要的作用，即使在当今网络传输已有很大发展的情况下，照片的传真途径仍然没有完全被取代。

气象传真机

气象传真机主要用于向气象、军事、航空、航海等部门传送和复制气象图等，这种传真机传送的纸张幅面比一版报纸还要大呢！

若航海的船上装有气象传真接收机，就可以方便可靠地获得航行海区有关国家发布的气象、海况等传真资料，从而了解更多、更大范围的天气演变过程，掌握航行海区已经发生和将要发生的海洋气象状况，这对船舶的安全航行有着十分重要的意义。

低碳环保的无纸传真机

传真机在人类科技史上占有十分重要的地位，即使在电子邮件、手机短信等通信手段风行的当代信息社会，无论是企业、事业单位还是行政机构，传真仍是不可缺少的一种通信手段。但是，这种通信手段也有很多缺点，比如耗费大量纸张，这对越来越讲究低碳环保的新型社会来说，是一大弊端。

于是，就有人发明了无纸传真机，它是通过电脑收发传真的，整个过程实现无纸化操作，是将传真技术与网络技术相结合的一种智能型高科技产品。

千里传物——3D打印传真机

3D打印技术正逐渐应用于各个领域，发展前景广阔。甚至在一些产品的制造上，已经出现了使用这种技术打印而成的零部件。

在这样的背景下，3D传真的概念应运而生。2013年，AIO机器人公司出品了一款名为"宙斯"的3D打印传真机，在理论上它已经实现了3D传真的功能。

2020年5月5日，中国首飞成功的"长征五号B"运载火箭上，也搭载着一台"3D打印机"。这是中国首次开展太空3D打印试验，也是国际上第一次在太空中开展连续碳纤维强复合材料的3D打印试验。

空调:
这里四季如春

  1924年的夏天,美国底特律像往年一样骄阳似火。此时,在著名的哈德逊百货公司的地下商场里,正举行定期的甩卖会。一开始来的顾客并不多,因为在以往的这个时候,闷热的空气使得顾客晕倒的事情频频发生,待在那儿简直就是活受罪。可是这一天,踏入这里的顾客却感受到前所未有的凉爽。原来,这里安装了三台离心式空调,这个清凉世界吸引了无数的人前来一探究竟。

  此后,商场内天天人满为患,原本处于淡季的商场的营业额奇迹般地一路飙升。如此骄人的业绩使得别的商家纷纷效仿,也让我们不得不佩服空调的魅力!

  空调的全称是"空气调节系统",它是1902年由美国人威利斯·开利设计的,目的是为一家印刷出版公司解决因为

夏天空气湿热造成的油墨不干、颜料渗漏、印刷模糊等问题。1906年，开利以"空气处理仪"为名为他的发明申请了美国专利，他也被人们尊称为"空调之父"，可谁会想到，当时的开利只是个二十几岁的年轻人！

自那以后的20年间，开利发明的空调逐渐进入了诸多行业，有意思的是，那时享受空调的对象一直是机器，而不是人。

1922年，开利的公司成功研制了在空调史上具有里程碑意义的产品——离心式空调机，它最大的特点是效率高，可以在大空间内调节空气。两年后，开利的公司选择哈德逊百货公司作为市场切入点，不出意料，大获全胜！从此，空调成了商家吸引顾客的利器，而人也幸运地成了空调服务的对象。

1928年，开利的公司又推出了第一代家用空调，但随之而来的经济大萧条和接踵而至的第二次世界大战，阻断了家用空调的普及。直到20世纪50年代，战后各国经济开始复苏，家用空调才真正走进千家万户。

古老的波斯"空调"

早在公元前1000年左右，波斯人就已经发明了一种空气调节系统。

它是利用装置于屋顶的风杆，令外面的自然风穿过凉水后吹入室内，使室内变得湿冷，令人感到凉爽。

功不可没的影剧院

空调的真正普及其实是通过影剧院实现的。可以想象，当时的娱乐业一到夏天就一片萧条，因为没人乐意花钱买罪受。

1925年的夏天，关于空调的广告开始在人群中轮番"轰炸"，原来，这是开利与纽约里瓦利大剧院联手策划的，他们打出了保证顾客获得"情感与感官双重享受"的诱人口号。

那一天，大剧院门外人山人海，心存疑虑的人们还是在怀里揣着一把纸扇以防万一。可是，他们在跨入剧院大门的那一刻，便被那瞬间的清凉彻底征服。从此，空调进入了迅猛发展的阶段。

空调会让人发胖吗?

什么? 吹空调会让人发胖? 这听起来有些匪夷所思。但事实确实如此，温度过于舒适，人体减少了由出汗和发抖引起的热量消耗，就会导致肥胖的发生率上升。

仔细想想，其实很容易理解，在空调的庇护下，即使天气再热、气温再高，我们仍然可以待在凉爽的室内，而这样舒适的环境是不是让人食欲大增呢?

反之，如果我们在工作单位和家里备受"煎熬"，那么我们就对那些油腻的垃圾食品毫无食欲了!

电视机：
打开新世界的窗户

　　世界上第一台电视机是在1925年由英国的电子工程师约翰·贝尔德发明的，但直到1928年，世界上第一套电视节目才在美国播出，名叫《菲利克斯猫》。

　　1939年4月30日，美国人第一次用电视节目播送了罗斯福总统在纽约世界博览会上的开幕致辞。一连几天，成千上万的观众拥进曼哈顿百货商店，挤在美国无线电公司展出的"9英寸×12英寸"的电视机屏幕前观看电视节目。不过那个时候，电视机只能播送黑白画面。

　　1941年12月，电视机的发明人贝尔德传送出首批完美的彩色图像，但可惜的是，他的实验室被德军的飞弹炸毁了，贝尔德不得不重新开始他的研究。1946年6月的一天，英

国广播公司终于开始播送彩色电视节目，美国紧随其后。

第二次世界大战后，美国新设的电视台如雨后春笋般涌现。到1948年底，电视台数量超过40家，电视机的产量也大大增加。

1958年3月17日，是中国电视发展史上值得纪念的日子。这天晚上，中国电视广播中心在北京第一次试播电视节目，国营天津无线电厂（后改为天津通信广播公司）研制的中国第一台电视接收机实地接收试验成功。这台被誉为"华夏第一屏"的北京牌820型35厘米电子管黑白电视机，如今摆在天津通信广播公司的产品陈列室里。

如今通过电视，我们能看到不同地域的风土人情、自然风光，从而领略到穿越时空的奇妙，但与此同时也会看到一些凶杀暴力的画面。尽管家长们都知道长时间看电视对孩子的危害，也知道有些电视节目不适宜让孩子观看，但在实际生活中却难以做到完全让孩子远离电视。因此，家长应该注意让孩子养成良好的看电视的习惯，如每次看电视不超过半小时，选择适合孩子的节目等。

第一个身影

1925年10月2日，在英国伦敦一间位于顶楼的临时实验室里，英国人贝尔德用摄像机扫描了一个木偶的头部。突然，贝尔德欣喜地发现，木偶的头部以闪烁不定的图像呈现在他安置于另一间屋子的屏幕上。于是，他飞快地跑出实验室，临时雇了一个小伙子坐在他的摄像机前，重复他的实验。

这个名叫威廉·泰因顿的年轻人，幸运地成为历史上第一个出现在电视上的人。

首个电视广告

首个电视广告于1941年7月1日在美国纽约播放，这则长10秒的宝路华手表的广告，是在一场棒球比赛之前播放的。

电视动画片

从1939年美国全国广播公司电视台第一次播出电视节目开始，动画片就成为电视节目的一部分。当时，电视台选择了迪士尼电影公司早期制作的一部动画片——《唐纳的外甥古斯》，作为在电视上首播的动画片之一。

随后，很多动画电影短片被电视台购买，在儿童电视节目中播放。从此，动画片找到了最有利的传播方式，也出现了专门为在电视机上播放而制作的电视动画片。

智能电视

随着技术的发展、宽带的提速和网络的普及，电视机的尺寸越来越大，厚度越来越薄，画面越来越清晰。而伴随人工智能、机器学习的深度应用，电视机将变得越来越智能，越来越懂得用户的心。在未来，电视机不仅仅是家庭影音娱乐中心，更是信息共享中心、控制管理中心和多设备交互中心。

青霉素：
"起死回生"之术

　　1943年10月，时值第二次世界大战末期，英美两国正在和纳粹德国交战，前线到处血流成河，伤员们仿佛身处人间炼狱，在消毒条件简陋的环境下，随时都有丧命的危险。这时，一种叫"青霉素"的药品横空出世，在控制伤口感染方面大显神威，挽救了无数的生命，被称为"有魔力的子弹"。

　　1944年，青霉素的供应能够治疗第二次世界大战期间所有参战的盟军士兵，因而迅速扭转了战局，加速了第二次世界大战的终结。

　　青霉素的出现开创了用抗生素治疗疾病的新纪元，

可谁会想到，它的发现纯粹是一次美丽的失误！

1928年，英国细菌学家亚历山大·弗莱明在一间简陋的实验室里研究导致人体发热的葡萄球菌。由于盖子没有盖好，外出三周后回到实验室的他发现培养细菌用的琼脂上附了一层青绿色的霉菌，这想必是从楼上的一位研究青霉菌的学者的窗口飘落下来的。更令弗莱明感到惊讶的是，在青霉菌的近旁，葡萄球菌被溶解了。

弗莱明随后证明了从青霉菌中分离出来的某种活性物质可以在几小时内将葡萄球菌全部杀死，这太令人吃惊了！弗莱明为这种物质取名为"青霉素"。

青霉素能阻碍病菌细胞壁的合成，从而有效地杀死病菌，但它又不会损害人体细胞，因为人和动物的细胞没有细胞壁，这正是人类梦寐以求的东西！

第二次世界大战以后，青霉素更是得到了广泛应用，拯救了无数人的生命。

长毛的糨糊

　　早在中国唐朝时，长安城的裁缝就懂得把长有绿毛的糨糊涂在被剪刀划破的手指上，以此来帮助伤口愈合。

　　但他们并不知道，绿毛到底为什么会有这样的作用。其实这些绿毛中就含有青霉素，只不过那时候人们还没有发现它而已。

提纯难题

　　弗莱明发现青霉素后，却被青霉素因为"个性太活跃"，不容易稳定，始终无法提纯这个问题困扰了十多年。直到两位科学家——德国生物化学家钱恩和英国病理学家弗洛里的出现，这一困境才得以改变。1938年，钱恩和弗洛里偶然读到弗莱明发表在《新英格兰医学杂志》上的论文，萌发了提纯青霉素的想法。

　　1940年，钱恩终于提炼出一点点青霉素，这虽然是一个重大突破，但离临床应用还差得很远。

弗洛里和他的团队发现，使用美国中部大平原的玉米浆作为培养液可以显著提高青霉素的产量。这一改变使青霉素产量提高了20倍。一次偶然的机会，实验人员玛丽·亨特在水果摊上发现了一个长霉的哈密瓜，并将它带回了实验室。弗洛里检查后发现，哈密瓜上的黄绿色霉菌能够提炼出高产的青霉素。这一发现为青霉素的生产提供了新的高效菌种。

1944年，青霉素终于在美国得以量产，挽救了无数生命。1945年，弗莱明、钱恩和弗洛里分享了当年的诺贝尔生理学或医学奖。

青霉素有毒

青霉素有毒？没错，这并不是开玩笑，只不过因为人类身体中的细胞只有细胞膜而没有细胞壁，所以青霉素对人类的毒性显得较小而已。

但是，如果你是严重过敏体质者，即使医生给你注射极少量的青霉素，也可能引起休克甚至死亡。所以，虽然青霉素是很常用的抗菌药品，但每次使用前都必须做皮试，以防过敏。

积木：
无限挖掘想象力

积木是孩子们都喜欢的玩具，它们通常由木头或者塑料制成，形状多种多样，表面也会涂上不同的颜色，印上字母或者图画，让孩子们有足够的兴趣来摆弄它们。

用积木可以进行不同的排列、接合、拼插，还可以搭建漂亮的建筑物——把积木一块块码起来，看着建筑物拔地而起，常常会让孩子们兴奋得直拍手。

世界上最早的积木诞生于欧洲，其发明者是被誉为"幼教之父"的福禄贝尔。福禄贝尔发明这套启蒙益智玩具，最先是作为幼儿教具使用的，目的是让孩子在游戏中更好地认识自然，在积木玩具中习得知识和能力。当时这种积木被统称为"恩物"，也就是上帝恩赐的礼物。

玩积木有助于开发智力，还可以训练孩子的手眼协调能力。搭积木时，涉及比例、对称等问题，这都有利于培养孩子早期的数学概念。用积木盖房子时，预计每块积木在建筑物中的位置，下面搭什么，上面放什么，然后将积木摆放在最适当的位置，这就是孩子对空间感的最初认知。搭积木还体现了很多力学原理，比如大小不同的积木，稳定性是不一样的，稳定性好的不容易倒塌，孩子会逐渐意识到"平衡"这个概念。

　　经常利用积木搭建不同形状的实物，或用零散的积木堆出复杂的物体，这都有利于孩子发挥想象力，最大限度地挖掘他们的创造力。

　　早期的积木不包含故事内容，孩子们要靠自己去创造主题。随着时间的推移，有的积木品牌推出了含有浓厚故事性的套装积木，它们具有强大的市场潜力。于是，越来越多的故事系列套装积木相继问世，比如"星球大战""生化大战""特殊部队""白雪公主""美人鱼"等，一时大受欢迎，成为孩子们的热门选择。

玩具要上木星啦

你一定听说过乐高积木。1932年，丹麦人奥利·柯克·克里斯蒂森创立了乐高公司。乐高玩具最大的特色就是顶端的凸粒和内侧的凹孔能够紧密地扣在一起。

2011年8月5日，美国国家航空航天局发射"朱诺号"探测器飞往木星，它于2016年7月5日进入木星的极轨道。三个乐高玩偶有幸搭乘了这艘探测器：一个是古罗马神话中的众神之王朱庇特，木星就是以他的名字命名的；一个是他的妻子朱诺，手握放大镜；还有一个是意大利天文学家伽利略，手持一架望远镜和一座木星的微缩模型。

堆积金字塔

如果要把球状的积木堆成金字塔形状，应该怎么放呢?当然是先把积木紧密排列成一排作为第1层,这时每三个相邻的积木中间会有一条缝隙,再把剩下的积木铺放在每一条缝隙上便形成了第2层。以此类推,第3层、第4层以上就可以排列得非常整齐又稳定,这样的堆积方法就是"最密堆积法"。

千年"积木塔"

据说积木拼插起源于建筑模型,而我国有一座用木构件组合而成的辽朝古塔,堪称中国古代建筑史上的奇迹。900多年前,一堆匠人聚集在一起,用10万块木构件,像搭积木一样,建了一座高为67.31米、底部直径为30.27米的纯木结构的木塔。它就是应县木塔,也叫佛宫寺释迦塔。它曾遭受7天大震、200多发炮弹攻击的"厄运"。当周围房屋全部倒塌时,这座木塔却岿然不动,屹立千年!

圆珠笔：
风靡世界的书写工具

　　圆珠笔是数十年来风行世界的一种书写工具。它具有结构简单、携带方便、书写润滑等优点，因而各界人士都乐于使用。

　　"圆珠笔"这一名称最早出现在1888年。一位名叫约翰·劳德的美国记者设计出一种利用滚珠做笔尖的笔，但他未能将其制成便于人们使用的商品。

　　后来，英国、德国也有人设计制作过圆珠笔，但这些圆珠笔均因用途狭窄或性能差而未能流行开来。

　　1943年6月，匈牙利记者拉迪斯洛·比罗和他的化学家弟弟一起开发并生产了第一种商品化圆珠笔——"Biro"圆

珠笔。英国政府购买了这种圆珠笔的专利使用权，使得这种圆珠笔成为英国皇家空军机组人员的专用笔。除了比传统钢笔更坚固以外，圆珠笔的另一优点就是能够在低压的高空中使用，而传统的钢笔却会出现墨水溢出的现象。

1945年，头脑活络的美国芝加哥商人雷诺在重金邀人对旧式圆珠笔进行改进后，推出了新型圆珠笔。正好那时美国在日本投放了原子弹，雷诺就大做广告，把他的笔与原子弹相提并论，并命名为"原子笔"。这种新型圆珠笔初次推出时便卖出了10000支，它们的售价非常昂贵。

1949年，居住于美国的奥地利化学家弗朗·西兹配制了一种黏度高、能快速干燥的圆珠笔专用油墨，这种油墨一接触到纸张就能快速变干。和钢笔相比，圆珠笔拥有不易渗漏、不受气候影响、书写时间较长、不晕染等优点。到1951年，世界上圆珠笔的销量开始超过钢笔，圆珠笔成为一种方便、常用的书写工具。

太空笔

太空笔是一种笔芯内做了加压处理的高品质圆珠笔，笔管内装的是一种特殊的黏性墨水。这种太空笔是专为宇航员设计的，可以让他们在太空环境下顺畅使用。

普通圆珠笔依靠重力供给墨水，并且在笔芯上方有一个开口，使得空气能够替代用去的墨水。太空笔笔芯上方没有开口，从而避免了墨水的蒸发，也避免了墨水从笔芯后面泄漏。另外，太空笔的存放寿命长达100年，而普通圆珠笔的保质期平均只有两年。

可擦圆珠笔

20世纪80年代，一种可擦圆珠笔出现在市场上，它将亮彩色或黑色墨水的易读性同铅笔的可擦除功能结合在一起，风行一时。

可擦圆珠笔的与众不同之处是它的"墨水"——由液

体橡胶胶水而非油和染料制成。现代可擦圆珠笔能够在纸张上留下清晰、厚实的彩色或黑色书写痕迹，这些笔迹看起来与普通墨水写出来的差不多，却能够在书写后不久轻松擦除。但如果在纸张上的停留时间过长（超过10小时），笔迹就会硬化，变得不可擦除了。

小球珠，大科技

中国虽然每年生产几百亿支圆珠笔，是当之无愧的制笔大国，但奇怪的是，中国却不是制笔强国。原来，笔头和墨水是圆珠笔的关键，仅笔头就分为笔尖上的球珠和球座体两部分。笔头上不仅有小球珠，里面还有5条引导墨水的沟槽，加工精度都要达到千分之一毫米的数量级，每一个小小的偏差都会影响笔头书写的流畅度和使用寿命。

我国曾经很长时间都没有掌握生产球座体的核心技术，还得依靠进口才能解决生产问题。为了给数百亿支圆珠笔安上"中国笔头"，国家在2011年就启动了这一重点项目的攻关，经过5年的努力，在2016年9月取得技术成功，中国笔终于能实现完全"中国制造"了。

方便面：
即食的美味

方便面又叫泡面，日本日清食品公司的创始人安藤百福研制并销售了全球第一袋方便面——袋装鸡汤拉面。

1948年，安藤创立中交总社食品公司，开始从事营养食品的研究。他利用高温、高压将炖熟的牛、鸡骨头中的浓汁抽出，制成了一种营养补剂。产品刚上市，就深得日本人喜爱。营养补剂的生产，为日后方便面调料的研制奠定了基础。

天有不测风云，随后的一场变故使得安藤几乎赔光了所有的财产，不得不从零开始创业。这时生产方便面的想法不止一次地在他的脑海中闪现，从此，他开始了与方便面几十年的不解之缘。

1958年春天，安藤在大阪自家住宅的后院建了一间不足10平方米的简陋小屋，当作方便面研究室。他找来一台旧的制面机，买了一口直径为1米的炒锅以及面粉、食用油等原料，一头扎进小屋，起早贪黑地开始了方便面问世前的种种试验。

有一次吃饭，安藤的夫人做了一道可口的油炸菜，安藤猛然间从中领悟了做方便面的一个诀窍——油炸。面是用水调和的，而在油炸过程中水分会快速蒸发，所以油炸面制食品的表层会有无数的洞眼，加入开水后，就像海绵吸水一样，面能够很快变软。如此一来，先将面条浸在汤汁中使之入味，然后油炸使之干燥，就制出了既能保存又可用开水冲泡的方便面。这种做法被他称作"瞬间热油干燥法"。随后，他为方便面的制法申请了专利。

2000年日本的一个民意调查显示，方便面被认为是日本20世纪最重要的发明，卡拉OK次之。

中国是世界方便面第一大产销国，但随着外卖行业的兴起，近几年方便面的产量已在逐年下降。但无论如何，方便面的发明依然是人类饮食史上的一个创举。

方便面的鼻祖——伊面

伊面又称"伊府面",是一种油炸的鸡蛋面,为中国著名面食之一,在民间经过各种改良,流传至世界各地。

由于伊面与现代的方便面有相似之处,所以伊面又被称为"方便面的鼻祖"。

相传在清朝时,曾任惠州和扬州知府的书法名家伊秉绶的麦姓家厨偶然创制了伊面。原来,厨师误将煮熟的鸡蛋面放入沸油锅,只好将鸡蛋面捞起后佐以高汤上桌,谁知宾客们吃过后赞不绝口,这道美食就此流传了下来。

更加方便的杯面

安藤百福为了拓展海外市场,时常出国参加商品展览会。在会场中,他看到不擅于使用筷子与泡面大碗的西方人干脆将干面分成两半,放进一次性纸杯中用热水泡,泡好后就用叉子吃起面来。而在坐飞机时,安藤又注意到,飞机上为西方人准备的便餐中大多配有装着果仁点心的铝质杯子。这些所见所闻使他的脑海中浮现出要生产"杯面"的想法。

一天晚上，安藤突然灵感乍现，想出了将面条倒放、再从上面罩上杯子的点子，由此，历史上第一碗杯面就诞生了。

鸡汤拉面

世界上出售的第一包方便面是鸡汤拉面，它的问世还有一个有趣的故事。

有一天，安藤百福在家中杀鸡，鸡血溅到在一旁玩耍的儿子身上，从此以后，儿子不敢再吃任何鸡肉料理，唯独对鸡骨汤料拉面百吃不厌。

于是，安藤决定将自己发明的方便面的首个汤料包定为鸡骨汤，并将其迅速推向市场。

人造卫星：
开启了人类的太空时代

1957年10月4日，在苏联拜科努尔航天中心，随着火箭发动机发出的巨响，一颗拥有4根折叠杆式天线的圆球形人造地球卫星"斯普特尼克1号"随之升空，世界上第一颗人造地球卫星宣告发射成功。

这颗"小卫星"以每96分钟环绕地球一周的速度飞行着，虽然它在太空中仅仅逗留了92天，但这一事件具有划时代的意义，它宣告人类已经进入航天时代。

一个月后，即1957年11月3日，苏联又发射了第二颗人造地球卫星。1958年1月31日，美国第一颗人造地球卫星"探险者1号"升空。之后，法国、日本、中国、英国、印度等国纷纷发射各自研制的卫星。

可以说，人造卫星是发射数量最多、用途最广、发展最快的航天器，约占航天器发射总数的90%以上。人造卫星按照运行轨道的不同，可以分为低轨道卫星、中轨道卫星、高轨道卫星、地球同步轨道卫星、地球静止轨道卫星、太阳同步轨道卫星、大椭圆轨道卫星和极轨道卫星；按照用途划分，人造卫星又可以分为通信卫星、气象卫星、侦察卫星、导航卫星、测地卫星、截击卫星等。

现在我们生活中普遍使用的导航、电视的转播、天气预报等，都离不开人造卫星的帮助。

中国是世界上第五个独立发射人造卫星的国家。1970年4月24日，我国用自行研制的"长征一号"运载火箭，在甘肃酒泉卫星发射中心成功发射了我国第一颗人造卫星——"东方红一号"。它的成功发射，为中国航天技术的发展打下了极为坚实的基础，带动了中国航天工业的发展，标志着中国开始跻身世界航天领域先进国家的行列。

而中国完全自主研发的由5颗静止轨道卫星和30颗非静止轨道卫星组成的北斗三号全球卫星导航系统，是四大全球卫星导航系统之一。随着卫星网精度的不断提升，在2025年，全世界将会享受到北斗导航系统厘米级的定位服务。

孤独的单程太空之旅

　　1957年11月3日，一只名叫莱卡的小狗搭乘苏联的"斯普特尼克2号"卫星进入太空轨道，成为世界上第一只冲出大气层的狗。但是，这是一次没有回程的旅行，由于不知道如何收回该卫星，莱卡在进入轨道几小时后死亡。

　　为了纪念这只勇敢的小狗，苏联在当年为莱卡发行了相关的纪念邮票。

　　现在，在莫斯科郊外的航天和太空医学研究所里，还有一个莱卡纪念馆。当年，莱卡和其他9只小狗一同在这里接受训练，而最后只有它被选中，踏上了孤独的太空之旅。据统计，全世界至少有6首歌曲是为勇敢的莱卡谱写的，描述它那次孤独却又开创新纪元的太空探索。

气象卫星

　　明天天气怎么样？是晴天还是下雨天？是冷还是热？这可是人们生活中经常要问的问题。可是仅用地面气象台、气象气球等去观察天气，有很大的局限性，这时候，气象卫星便要大显身手了。

　　气象卫星是对地球及其大气层进行气象观测的人造地球卫星，具有观测范围广、观测次数多、观测时效快、观测数据质量高的特点。气象卫星是世界上应用最广的卫星之一，美国、俄罗斯、日本、中国、印度、欧空局等国家和组织，都发射了自己的气象卫星。它们为人类及时预报天气、应对灾害做出了极大的贡献。

超级间谍

　　人造卫星中有一种卫星叫侦察卫星，又名间谍卫星。它既能监视又能窃听，可以说是一个名副其实的高空超级间谍。它在空间轨道飞行一圈收集到的情报，比一个最老练、最有见识的间谍花费一年时间收集的情报还要多呢。

炸药：
山崩地裂的能量

中国是最早发明火药的国家。火药是由古代炼丹家发明的，从战国至汉初，帝王贵族们沉醉于长生不老的幻想，驱使一些方士、道士炼"仙丹"，在炼制过程中逐渐形成了火药的配方。黑火药在晚唐时期正式出现，到了宋朝，已经被用于战争，但它需要明火点燃，爆炸威力也不大，所以在军事上没有被广泛使用。而在民用方面，人们热衷于把火药用于制作烟花爆竹，盛极一时。

19世纪60年代，瑞典化学家诺贝尔发明了威力巨大的黄色炸药，随后又发明了强度更大的多种炸药，被人们称为"炸药大王"。当然，也有人称他为"科学疯子"，因为研究炸药确实是一种疯狂的行为。

在诺贝尔发明黄色炸药之前，为了开凿铁路，工人们不得不费力地用铁镐砸碎大石，往往消耗了大量劳动

力却效率不高。虽然当时有一种叫硝化甘油的引爆物能毫不费劲地把一大块山石炸开，但是这种液体炸药并不稳定，很容易发生意外，很多人因此丧命。

1864年，诺贝尔研制炸药的工厂突然发生了大爆炸，等他和父亲赶到现场时，厂房已经变为一片废墟，他们从瓦砾堆中扒出了5个人的尸体，其中包括诺贝尔的弟弟艾米尔。

由于这次事故，政府和附近的村民都对工厂发出责难，诺贝尔不得不向朋友借了一条船在湖面上进行试验，寻找安全搬运炸药的方法。1866年，一次偶然的机会，诺贝尔发现硝化甘油可以被干燥的硅藻土吸附，这种固体混合物能够安全运输。经过反复的调配比例试验，他终于制成了达纳炸药——一种固体的强力炸药，并于1867年获得专利。从此，炸药不管是在使用还是在运输方面都有了一定的安全保障。

C4塑胶炸药

C4塑胶炸药的主要成分是聚异丁烯，它是由火药与塑料混合制成的，外形像面团，可随意揉搓，制成各种形状。

这种炸药不仅威力巨大，而且使用起来非常安全，即使直接向炸药开枪也不会引发爆炸，只能用雷管引爆。

炸药霸主苦味酸

苦味酸是破坏性最强的烈性炸药之一。1891年，日本工程师下濑雅允配制成功了以苦味酸为主要成分的烈性炸药，定名为"下濑火药"。1893年，日本海军正式开始换装填充下濑火药的炮弹。

这种炮弹具有一系列惊人的特性，炮弹的灵敏度极高，即使命中极小的物体都能引发爆炸，而且爆炸后不仅会形成普通黑火药炮弹爆炸时引发的冲击波和炮弹碎片，还伴有中心温度高达上千摄氏度的大火，这么高的温度甚至能熔化钢铁！

火枪

世界上最早的火枪发明于中国宋朝，但杀伤力不大，射程仅为5～10米。到了清朝的康熙年间，火枪已经发展得很成熟了，不过在军事上依然未被重视。例如火绳枪作为火枪的一种，射程可达100～200米，且已具有现代枪械的三个重要组成部分：枪管、扳机和枪柄。它可以说是现代扳机类枪械的鼻祖。

在与俄国的雅克萨之战中，俄军就自恃拥有火绳枪这种先进步兵武器，负隅顽抗。最后，清军依靠远距离的大炮形成火力优势方才取胜。而具讽刺意味的是，当清军把缴获的俄军火绳枪献给康熙皇帝时，康熙以不得中断祖宗所授的弓箭长矛传统为由，禁止清军使用这种新式火枪，仅留下两支供自己把玩。

纸尿裤：
随时"解压"的畅快

　　纸尿裤被美国《时代》周刊评为20世纪最伟大的100项发明之一，它对人们生活习惯的影响不亚于方便面。许多年轻的父母纷纷感叹："宁愿这世上没有方便面，也不能没有纸尿裤！"

　　据考证，人类诞生之初就有尿布的概念。那个时候婴儿用的是由纯天然材料制成的"尿布"，比如某种植物叶子或是叠好的野草和苔藓。到了19世纪中叶，大量价格便宜的棉纺布问世，于是真正的尿布诞生了。一些聪明的妈妈又往尿布里添加了苔藓和泥炭等吸水物质，这可能就是纸尿裤的创意之源。

　　纸尿裤的诞生和第二次世界大战息息相关，由于连年

战争，棉花作为战略物资已相当匮乏，所以用棉花做主材料的尿布在当时简直是奢侈品。为了解决这个问题，德国人发明了一种用木浆制成的纤维绵纸，这种绵纸质地柔软，又有很强的吸水性，可以代替传统尿布。后来瑞典的一家公司把这种绵纸一张张折叠包装在纱布中，再放在婴儿的内裤中使用。很快，这种新型的抛弃型尿布就在各大医院、商店开始销售。但是因为成本很高，当时的售价非常昂贵！

在纸尿裤的发展史上，迈出实质性一步的是瑞典人鲍里斯。1942年，他发明了两件式的纸尿裤，外层是塑料裤，内层是用纸做成的吸收垫，虽然这种一次性的纸尿裤很容易破损，碎屑会粘满婴儿的屁股，但这毕竟是纸尿裤的雏形。

1961年，美国宝洁公司开发部经理米勒新添了一个可爱的小孙女，一家人换洗尿布的烦恼让他下定决心，在公司的实验室内组建了一个专门的"尿布研究小组"。在经过了无数次的尝试和改进之后，终于，一种吸水性能良好、穿戴舒适的纸尿裤诞生了。

穿纸尿裤的宇航员

对于纸尿裤的诞生，除了婴儿及其父母，最高兴的应该就是宇航员了。

1961年5月5日，美国宇航员艾伦·谢泼德坐在飞船内整装待发，由于点火升空时间一再延迟，谢泼德不得不尿在了太空服里。

到了20世纪80年代，"太空服之父"美籍华人唐鑫源，为了解决宇航员的排尿问题，发明了由高分子吸收材料制成的成人纸尿裤，这种纸尿裤能吸收1400毫升的尿液。这样一来，宇航员的"难言之隐"就轻松解决了。

老龄化带来的新问题

近年来，随着老龄化不断加剧，老年人使用的纸尿裤数量在不断上升，而如何处理这些数量庞大的纸尿裤已成为新的社会问题。因为纸尿裤中含有可吸水材料，所以往往需要更长的时间才能完全降解，这也意味着更多的碳排放量。

日本是世界上老龄化最严重的国家之一，仅以东京附近的镰仓市来说，每年焚烧的垃圾中约10%为纸尿裤。为此，日本环境部门推出激励措施，希望有更多的城镇能加入到回收纸尿裤的行列，以此减轻废弃纸尿裤的填埋及焚烧压力。

回收后的纸尿裤除了可以通过相关技术手段，用来制作新纸尿裤外，还有其他用途。如2022年，英国威尔士西部修建了一条2.2千米长的道路，修路材料中使用了经过处理的约10万条纸尿裤。

环保纸尿裤

传统纸尿裤的环保问题不仅在老龄化国家尤为尖锐，它还是目前世界各地环境保护的大敌，它是美国垃圾填埋场的第三大"贡献者"。

因此人们不但一直关注如何回收再利用纸尿裤，还致力于研发绿色环保的纸尿裤。例如有一项创意是，在纸尿裤里塞上一个可降解的内芯。当纸尿裤沾上了粪便，你可以把它直接扔进马桶冲掉；如果婴儿只是尿湿了，你可以把纸尿裤扔到花园里当肥料，它在几个月内就会完全降解。

高速铁路：
缩短城与城之间的距离

火车是人类发明的重要的公共交通工具，19世纪初期便在英国出现。在汽车出现之前，火车一直是陆上运输的主力。但在20世纪前期，最高时速超过200千米的火车寥寥无几。

1959年4月，世界上第一条真正意义上的高速铁路——东海道新干线在日本破土动工，经过5年多的建设，于1964年10月1日正式通车。列车由川崎重工建造，行驶在东京—名古屋—京都—大阪之间，运行时速达到210千米。这条铁路把从东京至大阪间的行驶时间由6个半小时缩短到3个小时。

这条高速铁路代表了当时世界第一流的高速铁路技

术水平，也标志着世界高速铁路由试验阶段跨入了商业运营阶段。虽然日本新干线的速度优势不久之后就被法国的TGV超过，但是新干线拥有当时世界上最为成熟的高速铁路商业运行经验，而且新干线修建之后对日本经济的拉动也是引发世界高速铁路建设狂潮的原因之一。

2008年8月1日，中国第一条真正意义上的高速铁路——京津城际铁路问世了，它一诞生就站在了世界科技的最前沿，创造了运营速度、运量、节能环保、舒适度四个世界第一。

中国的高铁研究虽然起步较晚，但是后来居上，逐步迈入世界领先行列。目前，中国已成为世界上高速铁路发展最快、系统技术最全、集成能力最强、运营里程最长、运行速度最快、在建规模最大的国家。

中国高速铁路

2008年，中国铁道部和科技部联合研发运营新一代高速列车。同年8月，中国第一条自主制造、世界一流的高速铁路——京津城际铁路通车运营。

2017年6月25日，具有完全自主知识产权、达到世界先进水平的中国标准动车组被正式命名为"复兴号"，并于6月26日在京沪高铁正式双向首发。"复兴号"中国标准动车组的开通，标志着我国高速动车组技术全面实现自主化、标准化和系列化，大大增强了我国高铁的国际话语权和核心竞争力。

真空管道磁悬浮列车

未来乘坐高铁从中国北京到美国华盛顿只需2小时，你相信吗？这可是科学家们今后努力的目标——真空管道磁悬浮列车。

这是一种新型交通工具，其最低时速4000千米，理论时速可达2万千米，能耗不到民航客机的十分之一，噪音、废气污染及事故率接近于零。

简而言之，就是建造一条与外部空气隔绝的管道，将管内抽为真空后，在其中运行磁悬浮列车等交通工具。由于没有空气摩擦的阻碍，列车将以令人瞠目结舌的速度运行。或许在不久的将来，不管你想去往世界的哪个角落，都可以转眼即到了呢！

野猪撞上"欧洲之星"

"欧洲之星"是欧洲首列国际高速列车，在欧洲的交通运输方面发挥了极其重要的作用。

但2007年冬天，一头外出觅食的野猪却让这条重要的线路中断了数个小时。意外发生在法国北部靠近里尔的高速铁路上，一列从法国尼斯开往比利时布鲁塞尔的"欧洲之星"列车撞到了一头野猪，致使该班列车延误3小时50分钟，另外34班高速列车也因为该事故的影响而延误。

手机:
走遍世界的"旅行者"

很多人都希望自己有朝一日能环游世界,但目前还没有人真正地走遍世界的每个角落。可你知道吗? 有一个"旅行者"真的做到了,它就是手机!

1973年,摩托罗拉公司的马丁·库珀带领研究团队制造出了史上第一部商业化手机,他用这部手机打了个电话给贝尔实验室的负责人尤尔·恩格尔:"尤尔,我是马丁,我在用手机跟你打电话,一部真正的便携手持电话。"

不过手机的另一头没人说话,这不是因为手机坏了,而是尤尔惊讶得说不出话来啦! 可想而知,"手机之父"的这番炫耀,可是把竞争对手气得不轻呢!

手机是我们形影不离的好朋友，在 21 世纪的今天，它几乎征服了整个世界。手机利用自己"平易近人"的优势积攒了超高的人气，成了拥有不计其数的粉丝的"世界超级巨星"。

手机刚刚问世的时候，它的块头可大得很呢，就像一块大砖头。也正是因为"体形"庞大，所以它还有个霸气的名字——大哥大。当时能拿着"大哥大"在街头打电话，那可是一件很酷的事！

随着科技的不断发展，手机也不断地更新换代。从1994年上市的IBM生产的第一部智能手机"Simon"开始，手机就像踩着风火轮一般迅猛发展，现在它可不只能打电话、发短信，它还要抢电脑的生意呢！

你看，现在的手机不仅能用来听音乐、看视频、玩游戏，还能上网，手机支付更是成为时尚新宠。手机的功能真可谓一应俱全，简直就像一台移动电脑。而且，比起电脑的大块头，手机的小巧更能俘获用户的心。看来，手机的"野心"还真不小呢！

短信的字数秘密

细心的你肯定会发现，手机短信的内容通常都不超过160个英文字母（约70个汉字），可你知道这是为什么吗？其实，在这160个字母的短信背后还有一个小故事。

时间倒流到20世纪80年代的一天，短信技术的主要发明人希勒布兰德正坐在一台打字机前，测试人们能够有效传递信息所需的字符数。结果他发现每条信息的总字符数控制在160个就完全足够了。

就这样，"160"成了对希勒布兰德而言颇具魔力的数字，他也据此确立了今天手机短信的字符数限制。

手机的"温柔陷阱"

手机的普及以及它日益强大的功能使它逐渐成为我们生活中不可或缺的部分，不管是在公交车上，还是在大街小巷，你都能看到正在使用手机的人。德国的一项调查表明，人一天内会看手机八九十次。

手机在给我们带来方便与快乐的同时，也给我们设下了一个"温柔的陷阱"。有的人终日沉迷于手机的世界无法自拔，脱离了正常的生活轨道。所以大家可要好好提防，千万不要成为手机的"俘虏"。

"懒人手机"

不习惯手机的复杂菜单？有时懒到连手指头都不想动一动？对"懒人"们来说，解决这些问题将不再是梦想。未来手机的魅力绝对是无限的，因为它将彻底实现从"手动"到"嘴动"，这就是所谓的全声控手机。

使用这种手机时用户不需要按键，也不用触摸屏幕，只用声音即可控制全局。通过声音浏览器，你可以随意地"发号施令"，手机就像一个听话的管家，能随时满足你的各种要求。

冰箱：
夏日里的"避暑胜地"

冰箱是一种保持恒定低温的制冷设备，能使食物或其他物品保持低温状态。1910年，世界上第一台压缩式制冷的家用冰箱在美国问世；1925年，瑞典丽都公司开发了家用吸收式冰箱；1927年，美国通用电气公司研制出全封闭式冰箱；1931年，新型制冷剂氟利昂研制成功，从此冰箱业进入突飞猛进的发展阶段。

现在，因氟利昂会破坏大气臭氧层，氟利昂冰箱被逐渐淘汰。很多厂家开始用R-134a作制冷剂，生产环保型冰箱。

其实，人类从很早的时候就已经懂得，在较低温度下保存的食品不容易腐败。公元前2000多年，西亚幼发拉底河和底格里斯河流域的居民就已开始在坑内堆垒冰块以冷藏肉类。中国在商朝就开始用冰块制冷保存食品了。在欧洲

中世纪，许多国家还出现过把冰块放在特制的水柜或石柜内以保存食品的原始冰箱。直到19世纪50年代，美国还有这种冰箱出售。

17世纪中期，"冰箱"这个词开始出现在美国人的语言中。随着城市的发展，冰的买卖也逐渐发展起来。冰渐渐地被旅馆、酒店以及一些有眼光的城市商人用于肉、鱼和黄油的保鲜。

1873年，德国化学家、工程师卡尔·冯·林德发明了以氨为制冷剂的冷冻机。林德首先将他的发明用于威斯巴登市的塞杜马尔酿酒厂，设计制造了一台工业用冰箱。后来，他将工业用冰箱加以改进，使之小型化，于1879年制造出世界上第一台人工制冷的家用冰箱。这种蒸汽动力的冰箱很快就投入了生产，到1891年时，已在德国和美国售出了约12000台。

臭氧层杀手氟利昂

氟利昂常被用作冰箱中的制冷剂。随着人们对冰箱需求量的增大，大量氟利昂被排放到空气中，受到阳光的照射后发生了化学反应，释放出活性很强的游离氯离子，它们对臭氧层的破坏性很强，使地球出现了很多臭氧层空洞。

臭氧层可以保护地球表面不受太阳光中的短波紫外线的伤害，它被破坏后将会影响生物圈的安全，会导致皮肤癌患者增多，使植物生长受阻，还会使海洋中的浮游生物死亡，相应的，以这些浮游生物为食的海洋生物也会相继死亡。大气中的氟利昂浓度增加的另一个危害是导致温室效应加剧，使地球表面的温度上升，引起全球性气候反常。

更环保的冰箱

为了保护人类赖以生存的大气环境，各国开始提倡和使用"无氟"冰箱。这种冰箱不采用R-12氟利昂，而采用

R-134a作制冷剂，并且对系统内的润滑油、密封材料以及冰箱压缩机等进行了革命性的改革。"无氟"冰箱以环保、节能、低耗为特点，引领了家电行业的新潮流，也为人们提供了更加健康、绿色的生活环境。

未来冰箱

如果家中有一款冰箱能像闹钟一样在做晚饭时提醒你"冰箱里还有两个鸡蛋快过期了，建议晚饭可以做西红柿炒鸡蛋"，你是不是会觉得很神奇？英国科学家就设计了这样一款可以为你安排晚餐的未来冰箱。这款全新的未来冰箱会根据食材散发出的气味来判断它是不是新鲜的，而后会把不新鲜的食材调动到距离冰箱门最近的地方，提醒主人"该吃它了"。

此外，科学家还预言，未来的冰箱还可以与超市联网，当冰箱内某种食物储量不足时，冰箱可以自动通知超市送货上门。

拉链：
穿脱大奇迹

　　对拉链的需求，最初来自人们穿的长筒靴。19世纪中期，长筒靴很流行，因为穿着它特别适合在泥泞或有牛马排泄物的道路上行走，但缺点是它的铁钩式纽扣多达20余个，穿脱极为费时。为了免去穿脱长筒靴的麻烦，人们甚至甘愿一整天都穿着它不脱下来。后来，人们试图用带、钩和环等配件取代铁钩式纽扣，于是开始进行拉链的研制与试验。终于，在1851年，美国人伊莱亚斯·豪申请了一项类似拉链设计的专利，在一定程度上解决了穿脱长筒靴的麻烦。

　　1893年，一个名叫贾德森的美国机械工程师研制出一个滑动锁紧装置，并获得了专利，这是拉链的雏形，但这个发明并没有很快流行起来。

　　1902年，一家原来生产纽扣和花边的企业买下了这项专利，注册了"扣必妥"商标，开始生产装在鞋上的拉链。

但这家"吃螃蟹"的公司很快就走上了毁灭之路，它生产的"扣必妥"不是拉不上，就是打不开，有时又突然崩开，令消费者非常尴尬。

1913年，瑞典裔美国工程师吉德昂·桑巴克改进了这个装置的设计：把金属锁齿附在一个灵活的轴上，只有滑动器滑动使齿张开时才能拉开。这才使其变成了一种可靠的商品。

"拉链"这个名称是在1926年才出现的。据说，一位名叫弗朗科的小说家，在一次推广拉链样品的工商界午餐会上说："一拉，它就开了！再一拉，它就关了！"这话十分简明地说明了拉链的特点，于是人们就开始把这种产品称为"拉链"。

从当初代替靴子上的纽扣，到今天的广泛使用，拉链以它顽强的生命力和方便性成就了一个奇迹。

贾德森的灵感来源

　　一天，美国机械工程师贾德森到一家铁器店购买饭勺，他发现这家店铺的铁勺挂得整齐巧妙：一根被架在水平位置的钢筋棍上吊着上、下两排铁勺，上面的一排由钢筋棍直接穿过勺柄孔，而下面的一排勺柄朝下，通过勺的凹处与上面一排的勺咬合在一起。

　　这一发现给贾德森带来了意外的收获，紧紧咬合在一起的两排铁勺成了他设想中的拉链雏形，他根据这种咬合原理设计出了拉链装置。

空难拯救拉链的命运

　　拉链被发明出来之后，并未立即得到广泛应用。但在遭到市场冷遇后不久，巴黎协和广场上空发生了一起飞行表演的意外坠机事件，这给拉链带来了新的契机。原来，事故调查小组仔细分析取证后发现，是飞行员上衣掉落的一颗纽扣滚进了飞机发动机，导致了这起事故的发生。惨痛的代价使法国国防部下达了不准在飞行服装上钉纽扣的命令，欧美各国纷纷仿效。拉链就这样被适时地推上了历史舞台。

拉链与军装

拉链最先应用于军装。第一次世界大战爆发后，美国军方人士意识到，在军服上装拉链可以提高军人的穿衣速度，于是他们在陆军军服的口袋和裤子的前口处试装拉链。此举大受前线将士的欢迎，1917年生产的2.4万件拉链军服立即销售一空。

1918年，美国军方又在空军的飞行服上缝上了拉链，经过比较，使用装有拉链的飞行服后，飞行员作战的反应速度有了很大的提高。可以说，正是在战争中的广泛应用，使得拉链获得了空前的推广和普及。

啤酒：
可口的"液体面包"

啤酒是人类最古老的酒精饮料，它在世界饮料消费量的排行榜上名列第三。炎炎夏日，没有比喝一口冰爽的啤酒更惬意的事情了！啤酒还因其丰富的营养而被称作"液体面包"。

啤酒的起源与谷物密切相关。人类使用谷物制造酒类饮料已有几千年的历史。啤酒最早的历史可追溯到公元前3500—公元前3100年的美索不达米亚，苏美尔人留下了啤酒酿造方法的相关文献。此外，当时苏美尔神话中也有一位掌管酿酒的女神宁卡西，人们甚至为她写了一首《宁卡西赞歌》，内容主要描述的就是啤酒的酿造方法。

公元前1300年左右，埃及的啤酒酿造业作为国家管理下的优秀产业得到了高度发展。拿破仑的埃及远征军在埃及发现的罗塞塔石

碑上的象形文字表明，在公元前196年左右，当地已盛行啤酒酒宴。

由于战争因素，啤酒的酿造技术由埃及通过希腊传到西欧。到了1881年，E.汉森发明了酵母纯粹培养法，啤酒的酿造开始从神秘化和经验主义走向科学化。

说到啤酒，不得不提的就是比利时，比利时不仅啤酒的酿造工艺精湛，而且酿酒历史悠久，拥有众多知名啤酒品牌。比利时目前有140多家啤酒厂，每家啤酒厂都有自己独特的酿造方法与风格。

在中国北方具有5000年历史的米家崖考古遗址现场，专家们发现在一些陶质漏斗和广口陶罐中有黄色残留物，与啤酒的发酵成分很相似，包括黍米、大麦、薏米和块茎作物。但这种酒远没有白酒、米酒流行，中国在20世纪初才引入啤酒，而且中国的年人均啤酒消费量约为35.14升，与欧美国家平均80升的消费量相比，相差还是较大的。

古埃及典藏啤酒

这恐怕是世界上最为独特的啤酒了，它是依据从古埃及王后纳芙蒂蒂的神庙中发现的处方酿制而成的，原料取自一种古老的小麦。

据说这种啤酒仅存1000瓶，销往英国的第一瓶价格高达7200美元（超过人民币5万元）。

不可替代的啤酒花

啤酒花是酿造啤酒时不可缺少的成分，它使啤酒具有清爽的芳香气息。

由于啤酒花具有天然的防腐性，所以啤酒无须另外添加对人体不利的防腐剂。优良的啤酒花和麦芽，能使啤酒产生洁白、细腻、丰富且挂杯持久的泡沫。而在麦汁煮沸的过程中，啤酒花的添加，可将麦汁中的蛋白质络合析出，从而起到澄清麦汁的作用，酿造出清纯的啤酒。

啤酒的妙用

啤酒还有许多妙用。喝剩的啤酒可用来清除煤气灶上的污垢。啤酒中的糖分能分解油污，因此用抹布蘸上啤酒来擦拭，能迅速去污。而擦拭后，啤酒残留的独特气味约10分钟后就会消失。

爱美人士可试试用啤酒来洗头。用啤酒洗头时，先将头发洗净、擦干，再将稀释过的啤酒均匀地抹在头发上，用手轻轻按摩，使啤酒渗透头发根部。15分钟后用清水洗净头发，再用木梳或牛角梳梳顺头发。啤酒中的营养成分对防止头发干枯脱落有良好的效果，还可以使头发柔顺亮泽。

啤酒的危害

啤酒虽然酒精度不高，且有许多额外的用途，但一旦饮用过量，人体摄入酒精量过多，会加重肝脏的负担并直接损害肝脏组织，增加肾脏的负担，心肌功能也会减弱。夏季喝大量冰镇啤酒，还会导致胃肠道温度下降，毛细血管收缩，使消化功能下降。因此，对成年人来说，也不宜过量饮酒。

激光：
比太阳还亮的光

　　如果有人说，有一种光比太阳光的亮度高几十亿倍，你相信吗？没错，这种光就是激光。

　　最早提出激光理论的是著名科学家爱因斯坦。1917年，他在研究光的辐射时，提出了"受激辐射"的概念，由此奠定了激光的理论基础。但之后几十年里，人们对此的研究并不多，因为在自然界的普通光源中，受激辐射的成分非常少，似乎没有什么实际应用价值。

　　1958年，美国科学家肖洛和汤斯发现了一种奇怪的现象：当他们将氖光灯泡发射的光照在一种稀土晶体上时，晶体的分子会发出鲜艳的并始终聚在一起的强光。根据这一现象，他们提出了"激光原理"，即物质在受到与其分子固有振荡频率相同的能量激发时，都会产生这种不发散的强光，也就是激光。

　　他们共同发表的论文《红外与光激射器》引得各国科学

家纷纷提出各种实验方案，但都未获得成功。1960年5月，美国加利福尼亚州休斯实验室的科学家梅曼宣布，获得了波长为0.6943微米的激光。这是人类有史以来获得的第一束激光，梅曼也因此成为世界上第一个将激光引入实用领域的科学家。

同年7月7日，休斯公司在美国纽约隆重宣布：历史上第一台运转的激光器诞生了！梅曼的方案是利用一个高强闪光灯管，来刺激在红宝石色晶体里的铬原子，从而产生一条相当集中的纤细红色光柱，光柱射向某一点时可达到比太阳表面还高的温度。

可以说，激光是一种神奇的能量，它有着强大的力量和独特的性能。它可以被聚焦成极小的点，也可以扩展成宽广的光束，在医疗、通信、制造业等领域，激光都有着广泛的应用。

中国第一

1961年，中国第一台激光器——小球照明红宝石激光器，在中国科学院长春光学精密机械与物理研究所诞生了，它的设计者王之江教授也因此被称为"中国激光之父"。

20世纪70年代，我国第一台激光测距仪研制成功，为我国大地测量和地震预报研究提供了一种长距离测距的新仪器。

1980年，我国首创的医用高功率激光气化肿瘤装置为治疗癌症提供了新的手段。

1994年，世界上第一张立体图像卡拉OK激光视盘在我国问世。

应用广泛

激光的应用十分广泛，已渗透到生产、国防、科研和生活的各个领域。日常生活中的电视机、空调等的遥控器中就有红外激光半导体发射器；而激光手术已在医学上得到广泛应用，如激光近视手术已让许多人重新看清了世界；另外，机械工业中的激光打孔机在无论多么坚硬的材料上都可以打孔，极大地提高了生产效能。

可怕的激光武器

　　"冷战"期间，西方国家为抵消苏联在坦克、装甲车、飞机等武器装备上的数量优势，非常重视发展精确制导武器。1972年，美国在战争中大量使用激光制导炸弹，作战效能约比无制导武器高百倍，西方称这种炸弹为"灵巧炸弹"。美国装备的激光制导炸弹，命中目标的偏差均已减小到2米左右，其1981年装备的"铜斑蛇"激光制导反坦克炮弹，最大射程为17千米。

　　2009年6月13日，美国军方进行了首次激光发射试验。一架装载ATL（先进战术激光）系统的飞机从科特兰德空军基地起飞，在飞越白沙导弹靶场时，向地面发射了高能激光波束，成功命中了位于地面的目标。

　　但激光武器的发明与进一步应用，对世界和平来说，不知道是利是弊，真希望世界和平永远成为人类生活的主题。

摩天大楼：
高处不胜寒

摩天大楼又称"超高层大楼"，起初为一二十层的建筑，现在通常指超过40层或50层的高楼大厦。

摩天大楼诞生于 19 世纪 80 年代的美国芝加哥，高54.9 米、共 10 层楼的芝加哥家庭保险大楼被公认为世界上第一座摩天大楼。这座楼由美国建筑师威廉·勒巴隆·詹尼设计，主要目的是缓解城区用地紧张，促进商业发展。

此后的100多年间，世界各地的摩天大楼一次次挑战了人们对高度的想象。从高300米（不包含旗杆）的法国埃菲尔铁塔，到称霸了近半个世纪的高443.7米（包含天线）的纽约帝国大厦，再到高632米的上海中心大厦的出现，人类与天公比高的步伐永不停歇。

2010年，迪拜的哈利法塔以828米的高度雄踞世界第一高楼的宝座，这是人类历史上第一座超过600米的摩天大楼。只要能见度够高，人们走在城中任何一个角落，抬头都能看到这座扎入云端的高楼。哈利法塔对面是一家超五星级的酒店高楼，如果在世界上的其他城市，这座酒店建筑绝对可以成为一座地标式建筑，可就是因为建在哈利法塔旁边，其锋芒完全被后者掩盖，再也显不出什么特别的了。让人不禁有一种"既生瑜，何生亮"的感叹。

但随着2001年9月11日纽约世界贸易中心双塔楼在恐怖袭击中轰然倒塌，人们就没有停止过对摩天大楼安全性的怀疑。的确，在摩天大楼居住和工作的人无论遇到地震还是火灾，都很难逃生。环保组织也指出，摩天大楼会导致一系列环境问题，影响人类及其他物种的生存。也许，人类追求摩天大楼的步伐应该缓一缓了！

"蜘蛛人"的壮举

2011年3月28日，素有"蜘蛛人"之称的法国人亚伦·罗伯特徒手攀爬了世界第一高楼——迪拜哈利法塔。当天，数千民众聚集在哈利法塔下，一起见证了亚伦用双手创造的奇迹。

亚伦是一个攀爬发烧友，几乎世界上所有有名的摩天大楼，都被他摸过、爬过。

亚伦身手灵活，攀爬时只在腰间系一小袋吸汗用的攀岩粉。不过他也栽过跟头，他曾从15米高处坠下，全身多处骨折，昏迷了5天才死里逃生。

地下摩天大楼

随着社会的发展，城市的空间越来越拥挤。在墨西哥城，大大小小的办公楼、公寓住宅、超市商场占据了城市的大量土地，地面可用空间越来越小。

墨西哥城当地政府为防止历史建筑遭到破坏,特地制定了相关法律,将当地新建筑的高度限制为8层。

为了打破这个限制,来自BNKR建筑公司的建筑设计师别出心裁地为墨西哥城专门设计了一座地下综合大楼。

这座地下综合大楼呈倒金字塔状,深度达300米,足足有65层。这样向下发展的创意,真让人不得不赞叹设计师的匠心。

水下摩天大楼

马来西亚设计师提出过一个"水下摩天大楼"的设计方案:它漂浮于海洋中,像一只巨大的章鱼,大部分浸没于水下。

这幢摩天大楼的顶部是郁郁葱葱的迷你森林,中部是住宅和办公楼,底部是一根根延伸至海底的荧光触须。

各国媒体惊呼,或许这幢水中巨型建筑就是人们期待的"诺亚方舟",能够帮助人类摆脱世界末日的诅咒。说不定有一天,这样天马行空的设计真能成为现实呢!

自动取款机：
会吐钞票的机器

　　人们公认的现代意义上的自动取款机的发明者是英国人谢泼德·巴伦。

　　20世纪60年代中期，谢泼德是德拉鲁公司的经理。有一天，他在洗澡时突发灵感："我常常因为去银行取不到钱而恼火，为什么不设计一种24小时都能取到钱的机器呢？"

　　几天后，他找到英国巴克莱银行的总经理，让对方给他90秒的时间来听他介绍这个主意，结果对方在第85秒就给了答复："只要你能把这种机器造出来，我们马上订购。"

　　经过不断研制，谢泼德真的将自己的想法变成了现实。1967年6月27日，世界上第一台自动取款机在伦敦的巴克莱银行分行亮相。最初，顾客从自动取款机中一次只能

取10英镑（面值适中的纸币，日常交易中常见的面额），而第一位试用此机器的人则是英国演员瑞格·瓦尼。

如今，自动取款机的发展速度惊人，大街小巷随处可见，人们只需要插入一张薄薄的卡片并输入自己设置的密码就能随时随地取钱。当然，前提是你的存款还有足够的余额。

最辉煌时，全世界范围内自动取款机与银行机构的比例达到了4：1，美国海军甚至将自动取款机装到了军舰上。

20世纪80年代中期，中国银行为了提升银行现代化形象，开始引进自动取款机。1987年，中国的第一台自动取款机在中国银行珠海分行投放使用。

自动取款机对银行业来说，是一款具有跨时代意义的产品，更是银行服务自动化的代表产品之一。

要用自动取款机得先看广告

2012年3月，澳大利亚实施了一种新的办法：让人们在取款前先观看自动取款机播放的一则广告来充抵手续费。独特的创意一时引起了不小的反响。

其实这个创意最先出现在美国。2011年，美国的一家公司颁布了一项规定：用户只需要在自动取款机上观看时长最多30秒钟的广告，随后就可以免费地使用取款机取钱了。

真假自动取款机

世界上不仅有人制造假币，现在还有人制造假自动取款机。当持卡人在假自动取款机上插卡并输入密码时，假取款机会提示无法服务，但此时假机中的电脑系统已经套取到持卡人银行卡的账户和密码，而持卡人并无察觉。

事后，骗子便会复制套取到的信息，制作成银行卡，到银行网点套现。

看来，随着科技的发展，骗子也越来越"聪明"，骗术越来越"高科技"，真该引起大家的警惕！

自动吐钱

人喝多了酒会吐，自动取款机也会"吐"，只不过它"吐"的是钱。2010年7月28日，在美国拉斯维加斯举行的一年一度的"黑帽"黑客会议上，一名黑客将两台自动取款机搬到了会场上。他一执行破解程序，自动取款机便不断"吐"出钞票，钞票几乎在地上堆成了一座小山。但在生活中这样做可是犯法的！

自动取款机的没落

随着移动支付的快速普及应用，自动取款机在逐渐被人们遗忘，如果不需要现金，很多人根本不会想到自动取款机。在中国，许多人动动手指通过手机扫码就能完成支付交易，无现金生活已成为当前主流。不需要现金，自然就不需要用到取款机了。中国人民银行的相关数据显示，截至2023年底，中国移动支付普及率已经高达86%，包含了近10亿互联网用户。

互联网：
"网"罗天下

　　如今，我们的生活正在被一张无形的大"网"包围，而我们都是"网"里的小鱼。没错，这张大"网"就是互联网。互联网起步于1969年的美国，它是由无数个小的网络，通过一定的技术方法，串联成的庞大网络。有了互联网，整个世界都"变小"了。因为不管我们相隔多远，都会被一"网"打尽。

　　互联网有不少"特异功能"，它是一架真正的"时空穿梭机"。你一定有顶着炎炎烈日参加各种培训班的经历吧？热得满头大汗不说，你在路上也浪费了不少时间。幸运的是，现在有很多培训机构开设了网络培训课程。我们可以足不出户，让互联网发挥神奇的空间挪移功能，把老师"送"到电脑屏幕上，哪怕有些老师身在大洋彼岸也没有关系！

　　另外，你还在为学习太忙，错过了心爱的动画片而伤心吗？那就让互联网的时空穿梭功能施展魔法吧：在视频网站上，你可以在任何时候点击想要看的节目，一饱眼福。相信在不久的将来，这架"时空穿梭机"会变得更加神奇，更加丰富多彩！

　　"全国有几乎一半的人都在上网。不过，当你坐在电脑前，并不一定知道电脑那头和你聊天的是什么人，因为'在互联网上，没人知道你是一条狗'。"——这是1993年7月5日美国《纽约客》杂志上刊登的一则漫画的解说语。漫画中有两条狗，一条狗一边上网，一边对另一条狗说出了上面这句话。后来这则漫画被反复转载，它的创作者因此得到了数万美元的稿费。可以说，这则漫画形象地体现了网民身份的隐蔽性。

　　近年来，网络越来越多地开始推行实名认证，也就是网民必须登记自己的真实身份。虽然有人认为这样做使得大家再也不能畅所欲言，但这也使人们明白，网络虽然是一个虚拟的世界，但我们也要为自己的言论负责。

你有网瘾吗?

网瘾又称"网络过度使用症"。得了这种病的人长时间沉迷于网络,对别的事情没有过多的兴趣,渐渐地就会脱离真实的社会,同时身体也会发出健康警报。专家认定,"一个人平均每天因非工作学习目的连续上网超过6小时,且符合症状标准已达到或超过3个月"就表示患上了网络过度使用症。如果以此为最主要的判断标准,那么,你有网瘾吗?

5G 网络

第五代移动通信技术(简称5G),是具有高速率、低时延和大连接特点的新一代宽带移动通信技术。近年来,中国迎来了5G快速发展的时代。

2016年1月,我国的5G研发试验开启。2018年12月27日,在由"IMT-2020(5G)推进组"组织的中国5G技术研发试验第三阶段测试中,华为以100%的通过率完成5G核心网安全技术测试。2019年6月6日，工信部正式向中国电信、中国移动、中国联通、中国广电发放5G商用牌照，中国正式进入5G商用元年。

随着科技的发展，5G将渗透到经济社会的各行业、各领域，成为支撑经济社会数字化、网络化、智能化转型的关键新型基础设施。

黑客中的不同类

"黑客"一词是英文"hacker"的音译，泛指精通计算机技术的人。但黑客中也有不同的阵营，如白帽黑客、黑帽黑客、灰帽黑客等。

白帽黑客是指通过实施渗透测试，识别网络安全漏洞，为政府及组织工作并获得授权或认证的黑客。可以说，今天的互联网能够正常运转，离不开白帽黑客的努力。

而黑帽黑客则是黑客中的恐怖分子，他们为了个人喜好、金钱等目的对目标群体进行攻击，严重危害网络和计算机安全，给人们带来巨大的经济损失和精神伤害。

电子邮件：
不贴邮票送全球

电子邮件(e-mail)也被大家亲昵地称为"伊妹儿"，是一种用电子手段进行通信的方式。只要有网络，用户就可以通过电子邮件与他人通信联络，而且电子邮件的传送速度非常快，几秒钟之内就可以到达指定的目的地。而关于世界上第一封电子邮件的诞生，流传着两种说法——

第一种说法是：1969年10月，美国加州大学洛杉矶分校的计算机系教授雷纳德·克兰罗克发了一条简短消息，消息里只有两个字母——"LO"。

第二种说法是：1971年，美国国防部出资组建的阿帕

网（互联网的前身）在如火如荼的建设中出现了一个很大的问题。参加此项目的科学家们在不同的地方、用不同的计算机做着不同的工作，不能很好地分享各自的研究成果，他们迫切需要一种能够借助网络在不同的计算机之间传送数据的方法。

为阿帕网工作的麻省理工学院的博士雷·汤姆林森，把一个可以在不同电脑网络间进行拷贝的软件和一个仅用于单机的通信软件的功能结合了起来，并将研发出的新软件命名为"SNDMSG"（即Send Message）。为了测试，他用这个软件在阿帕网上发送了第一封电子邮件。

可是当时，电子邮件并没有走俏，只有少数人使用，到了20世纪80年代中期以后，随着互联网的发展，电子邮件开始成为网民的"新宠"。在著名的微软公司，电子邮件几乎撑起了它办公事务的半边天。

进入21世纪以来，世界上已经没有人怀疑，互联网的发明和发展开启了信息时代的新纪元。人们已经不能想象，在如今的时代，如果没有网络，没有电子邮件，我们的生活与工作将会变成怎样糟糕的状态。

中国第一封电子邮件

1987年9月20日，中国第一封电子邮件在中国兵器工业计算机应用技术研究所发送完成，邮件使用了英文和德文两种文字，内容是"越过长城，走向世界"。

德国大学的服务器顺利收到了这封本该在一周前收到的邮件，并转发到了国际互联网上，中国互联网在国际上的第一个声音就此发出。

后来据有关方面粗略估算，这封电子邮件耗费了约50元人民币。

世界上第一封垃圾邮件

一般来说，向没有同意接收的用户发送的广告、文章、资料或含虚假信息等的电子邮件都可称为垃圾邮件。垃圾邮件令大家反感，但垃圾邮件产业却是一个每天发送约1200亿封邮件的产业，并开启了一个约1400亿美元（约1万亿元人民币）的反垃圾邮件市场。

垃圾邮件的目的只有一个——获利。世界上第一封垃圾邮件的产生也出于这个目的。

1978年，美国数字设备公司的一名销售人员为了推销他们公司的新型计算机模型，将一封带有广告性质的垃圾邮件发送给了393位接收人。

当时，收到邮件的人表情不一：有的震惊，有的感到不可思议，有的觉得哭笑不得……

邮件病毒

邮件病毒其实和普通的电脑病毒一样，只不过由于它们主要通过电子邮件传播，所以才被称为"邮件病毒"。

它们通常会使你的电脑瘫痪、硬盘数据被清空、网络连接被掐断，甚至把你的机器变成毒源，将病毒"传染"给其他电脑。

世界上最著名的邮件病毒是"爱虫"病毒，它最初是通过邮件传播的，邮件标题通常为"I Love You"（我爱你）。据媒体估计，"爱虫"病毒已经造成了大约100亿美元（约710亿元人民币）的损失。

信用卡：
诚信即财富

　　最早的信用卡出现于19世纪末。19世纪80年代，英国服装业发展出所谓的信用卡，旅游业与商业部门很快也开始跟随这股潮流。但当时的信用卡仅能进行短期的商业赊借行为，款项还要随用随付，不能长期拖欠，也没有授信额度。

　　据说20世纪50年代的一天，美国商人、曼哈顿信贷专家弗兰克·麦克纳马拉在纽约一家饭店招待客人用餐，就餐后他发现钱包忘记带在身边，不得不打电话让妻子来结账。这件事令他深感难堪，于是他产生了创建信用卡公司的想法。1950年春，弗兰克与他的好友施奈德共同投资，在纽约创立了大来俱乐部，它就是大来信用卡公司的前身。大来俱乐部为会员们提供一种能够证明身份和支付

能力的卡片，会员凭卡片到指定的27间餐厅就可以记账消费，不必付现金，这就是最早的商业信用卡。1952年，美国加利福尼亚州的富兰克林国民银行作为金融机构首先发行了银行信用卡，成为第一家发行信用卡的银行。

　　20世纪60年代，信用卡在美国、加拿大和英国等欧美发达国家萌芽并迅速推广，经过50多年的发展，信用卡已在全球95%以上的国家得到广泛使用。20世纪80年代，信用卡作为电子化和现代化的消费金融支付工具开始进入中国，并在近10年的时间里，得到了跨越式的发展。

　　信用卡使用起来方便快捷，但由于其先消费后付款的机制，信用卡所面临的安全问题也日趋严重，不论是各大国际级信用卡集团与全球发卡金融机构，还是信用卡用户个人，都面临严峻的挑战。

球迷专属信用卡

总部位于慕尼黑的德国信贷银行，曾在巴伐利亚州推出了一种为球迷特别设置的信用卡储蓄账户。

这种信用卡除了基本利率外，还将根据拜仁慕尼黑球队在德国足球联赛中的表现，给予球迷额外的奖励利率。例如，球队每积累10个主场进球，储蓄账户的利率会提高0.1%；如果球队获得了联赛冠军，那么当月的储蓄利率会在原有的基础上增加5%。

正确使用信用卡

信用卡可以让人们在购物、旅行或发生紧急情况时享受到方便快捷的支付服务。正确使用信用卡也可以累积个人信用积分，为今后的生活提供更多的便利。

但信用卡的透支功能也很容易让人盲目消费，而由此产生的高额利息会给使用人带来极大的经济压力，因此建立正确的人生观、价值观、消费观才能更好地使用信用卡。

小心信用卡诈骗

信用卡一方面给持卡人带来了许多便利，另一方面也隐藏着巨大的风险。

2013年2月，美国成功破获一起跨国信用卡诈骗案，18名嫌犯涉嫌伪造7000多个假身份，申请数万张信用卡。他们购买豪车、黄金等奢侈品，总涉案金额超过2亿美元（约14.3亿元人民币）。这是美国有史以来破获的涉案金额最高的信用卡诈骗案。

在中国，随着互联网的不断发展，据统计，2019年至2021年间，信用卡诈骗在所有金融诈骗案件中的占比始终最大，合计达3375件，占所有案件量的50.4%。

因此，每个人都应该认真学习相关法律法规，提高安全意识，减少被骗风险，自觉地从"保证我不被骗"，到"提醒他人不被骗"，再到"注意身边是不是有诈骗"，让犯罪分子无机可乘。

微博：
微言大义，博览天下

　　微博，微型博客的简称，是一个基于用户关系实现信息分享、传播和获取的平台。你既可以作为观众，在微博上浏览你感兴趣的信息；也可以作为发布者，在微博上发布内容供别人浏览。由于发布的内容一般较短，不超过140个字，"微博"由此得名。

　　微博也可以发布图片、分享视频等。微博最大的特点是发布和传播信息速度快。假如你有200万个关注者（粉丝），你发布的信息就会在瞬间传播给200万人。

　　2006年，美国程序员斯通、威廉姆斯和杰克·多西共同创建了推特（Twitter）这个具有社交功能及"微博客"服务的网站，这是最早的微博网站。

作为一个新兴的社交平台，因其"短频快"（内容简短、频率高、速度快）的特点，推特很快风靡全球，赢得了大家的喜爱。至于为什么取名为"推特"，是因为在英语中"推特"是一种鸟叫声，创始人认为鸟叫声是短促、频繁、快速的，这与他们的网站的特点相似，于是选择了推特作为网站的名称。

推特的意义首先在于重新定义了信息颗粒"句"的组合规则，它既不像书籍那样用"本"，也不像文章那样用"篇"，140个字符的规则其实就是"商品的核心竞争力"。如何在这么短的篇幅内写出最有价值、最值得看、自己最希望抒发的内容，便成为每个使用者关注的焦点。

在中国，2009年，新浪成为第一家提供微博服务的网站，腾讯、搜狐、网易紧跟其后，微博像雨后春笋般冒出。

现在，微博不只是社交或者娱乐平台，还是媒体平台，以抖音等为代表的新媒体平台迅速扩张。新媒体具有方便、快捷、互动性强等优势，这些优势使得信息传播更加迅速和广泛，其影响力已经超越报纸、杂志，甚至电视。

谣言四起的微博

作为一个言论的集散中心，微博有时也会成为谣言的温室，而且一有风吹草动，便是狼烟四起。

例如，2010年，一条有关金庸先生去世的微博被转发了几十万次，威震武林和文坛的金庸先生就这样"被去世"了！

有些人为了博人眼球和赚取粉丝关注，不惜以造谣作为手段，为此，微博官方不得不专门开设了辟谣账户，一些网友也自发组成了"辟谣联盟"，成为"辟谣达人"。

微信的扩张

2011年诞生的微信经过几年的疯狂扩张，截至目前，在用户的使用度上已经超越了曾一度引领国内社交风向的新浪微博。微信朋友圈、微信支付等以更加准确的用户定位，越来越深入人们的生活。用户可以在微信上与朋友分享心情、旅行、美食等，微信使得人们的生活更加丰富多彩。

但与之相对的是，一些网络谣言也随之兴起，且传播速度极快。因此，在网络资讯日益发达的今天，我们每个人都要学会正确分辨信息，为健康的网络环境出一份力。

抖音的风靡

随着以抖音为代表的短视频软件的风靡，越来越多的年轻人加入其中。好的一面是，通过观看短视频，人们可以在繁忙的生活、工作之余，放松心情；商家可以利用抖音平台宣传自己的产品和服务，扩大品牌影响力，吸引更多消费者；政府机构利用抖音，可以更加直观、生动地向公众传达政策信息，传播正能量。

然而，抖音也存在不好的一面。短视频内容很容易让人上瘾，并因此浪费大量时间和精力；短视频质量参差不齐，可能存在低俗、暴力等内容；一些人为了流量不择手段，制作假视频散播流言。这些问题都十分突出。

因此，人们在使用社交软件时需要理性看待它们的利与弊，不要成为社交软件的"奴隶"。

人工智能：
挑战人类权威

从古埃及开始，人们就希望制造出像人类一样智能的机器，帮助人们工作。计算机发明之后，赋予机器人类的智能就不再是幻想了。

1950年，英国数学家、逻辑学家艾伦·图灵发表了一篇论文，他在论文中提出著名的"图灵测试"：人类和机器展开对话，但是人类不知道与自己对话的是机器。假如通过对话，人类无法分辨出与自己对话的是机器，那么就可以认定机器具有"人的智能"。

1956年，约翰·麦卡锡等人在美国达特茅斯学院召开了一场"人工智能夏季研讨会"，"人工智能"这一科学领域就此创立，并掀起了科技界的一场革命。

现在，对人工智能的定义是，这是一个以计算机科学为基础，由计算机、心理学、哲学等多学科交叉融合的新兴学科。该领域的研究包括机器人、语言识别、图像识别、自然语言处理和专家系统等。

随着科技的不断发展，人工智能已成为现代社会一个重要的组成部分，在政务管理、金融、医疗、教育、交通等各个领域都得到了广泛应用。

自从"人工智能"在1956年被提出以来，人们就对这个领域充满了期待并看见了世界随之发生的巨大变化。但是也有部分人对此感到忧心忡忡，他们担心，一旦机器有了自我意识，将会不受人类控制，甚至最终还可能毁灭人类。在电影《我，机器人》中，就描绘了人受控于机器，成为机器奴隶的场景。

著名物理学家霍金也说过："成功创造人工智能，可以说是人类文明史上最大的事件，也可能导致人类终结，除非我们学会如何避免其带来的危害。"

无可奈何的世界冠军

1997年5月11日，由IBM公司研制的超级计算机"深蓝"挑战当时的国际象棋冠军卡斯帕罗夫，最终，"深蓝"以一负两胜三平的成绩获胜。而随着"深蓝"的进一步升级，人类国际象棋高手们想胜它一盘更是难上加难。

之后，计算机又向围棋界发起挑战。2016年3月，谷歌公司研制出的围棋程序阿尔法围棋(AlphaGo)，连续战胜世界排名前几的棋手。2017年10月，谷歌旗下公司又公布了最强版围棋程序AlphaGo Zero，它从空白状态学起，在无任何人类输入的条件下，仅用40天时间便超越了人类3000年的积累。《MIT科技评论》说："AlphaGo Zero表明，人工智能可以在没有任何帮助的情况下变成超人。"

ChatGPT

ChatGPT，是美国OpenAI公司研发的一款聊天机器人程序，它能够通过学习和理解人类的语言来进行对话，还能根据聊天的上下文进行互动，真正像人类一样来聊天交流，甚至能完成撰写邮件、文案、代码等任务。

ChatGPT会通过连接大量的语料库来训练模型，这些语料库包含了真实世界中的对话，使得ChatGPT上知天文，下知地理，还能根据聊天的上下文与对话者互动，帮助解决难题。与它聊天，就像在与一个最博学的人聊天。

但目前，ChatGPT过于强大的功能，也产生了不少争议。已有多家学术期刊发表声明，完全禁止或严格限制使用ChatGPT等人工智能机器人撰写学术论文。

中国智能

国内人工智能的发展状况非常活跃，近年来也取得了很大的进展。国内的人工智能企业数量不断增加，各项新研究不断发展，例如深度学习、自然语言处理、计算机视觉等。这些技术的发展为人工智能的应用提供了更多的可能性，也让人们对更方便、快捷、舒适的生活有了更多的期待。

图书在版编目（CIP）数据

原来你是这样的存在 ／ 张康编绘．－－ 杭州 ：浙江
人民美术出版社，2024.10
（奇妙知识面对面）
ISBN 978-7-5751-0081-6

Ⅰ．①原… Ⅱ．①张… Ⅲ．①科学知识－青少年读物
Ⅳ．① Z228.2

中国国家版本馆 CIP 数据核字 (2024) 第 006491 号

策划编辑 褚潮歌		**责任校对** 段伟文	
责任编辑 杜 瑜		**整体设计** 米家文化	
责任印制 陈柏荣			

奇妙知识面对面
原来你是这样的存在
张康 编绘

浙江人民美术出版社出版·发行

杭州市环城北路177号

电话：0571-85174821　　经销：全国各地新华书店

制版：杭州米家文化创意有限公司　印刷：浙江新华数码印务有限公司

开本：889mm×1194mm　1/32　印张：4.75　字数：90千字

版次：2024年10月第1版　印次：2024年10月第1次印刷

ISBN 978-7-5751-0081-6　　定价：35.00元